こんにちは、イラストレーターの鈴木さちこです
私は神奈川県の三浦半島に住んでいます
三浦半島といえば…
海！
ヤッホー
山！
温暖な気候！
新鮮おいしい三浦野菜！
都心からちょっと離れているだけで、こんなにあれこれ恵まれてるのです
品川
横須賀線
横浜
京急
横須賀
逗子
久里浜
三崎口
ウチからは東京まで約1時間半
横浜まで約1時間
この距離だと、編集者の方もギリギリ家の近くまで、打ち合わせに来てくださるんですよ
ボソッ…
フフ…
このゆったりと流れる独特の空気…
三浦半島大好き。ずっとここで暮らしたい
自宅の窓から山が見える
ところが…
2011年3月11日
締め切りが～!!

地震??
ん？
ちょっと長くない？大きくない??
ぐら
ぐら
ぐら
ぐら
おさまった、おさまった
ほっ
さあ、仕事仕事
震度いくつだったのかな
うそ…
mac
ゴゴゴゴ
この日を境に当たり前の日常が崩壊していった
さらに追い打ちをかけたのが、福島第一原子力発電所の原発事故
水素爆発が…
ちょっと、これ大丈夫なの??
すごく大変なことがありましたが…、私事で恐縮ですが、この仕事は大丈夫なんでしょうか？
大丈夫です、なくなったりしませんので、締め切りは守ってくださいね！
編集者
データ送りました～
念のため私も避難したいとこだけど、しめきり守らなくちゃ…

ありがとうございます！僕、今会社じゃなくて大阪にいるんですよ
えっ
子どもが小さいので、念のため。鈴木さんもまだ外に出ると危険だから、今回はメールでデザイナーともやりとりしましょう
離ればなれでも仕事できちゃうんだなあ
ちょっと寂しい気もするけど…
いつも直接打ち合わせしていた仕事も、ネット上で無事終了
でも、去年くらいから、仕事する場所にこだわらない人が増えたような気がする
「ノマド」ってやつね。カフェで仕事したり
連日、余震に脅かされ…
また！
ひぃぃぃぃ…
ぐら
ぐら
そして、だんだんと浮き彫りになってくる放射能問題
しょうがないよー
気にしてたら生きていけないよ～
……
いつまで続くのかなー！放射能に色がついてたらいいのに！
福島周辺の汚染は深刻、首都圏でも西日本に移住をするひとたちも出はじめる
え、○○さん引っ越したの？
原発事故があってから、けっこう早かったよ
私は子どももいないし、レギュラーの仕事もあるし、すぐには動けないなあ
だって、三浦半島大好きだもん！

東日本大震災による大規模な地殻変動の影響で、「三浦半島活断層群」の地震発生率が高まりました
ん？
想定されるマグニチュードは6.6以上、今後30年以内に地震が発生する確率は国内の活断層の中でも高い部類に入る
しかもウチ、真上くらいにあるんじゃ…
こんなに何本も!!
そんな……。
やっぱり引っ越した方がいいのかな??
でも日本中探してもこんなに住みやすい土地絶対ないよー
地震
放射能
放射能
地震
地震
放射能
お墓もあるし、親兄弟、親戚も関東に住んでるし……
何年も通ってる歯医者も美容院も変えなくちゃいけないし……
住み慣れた大好きな土地を離れるって、簡単なことじゃないんだな
被災しても住み慣れた土地を離れない人たちの気持ちがわかる気がする
ウチの方とは比べちゃいけないくらい大変そうだけど…
ここが好きなので移住しません！
福島○○市
……。
でも……
正直言って、こんな不安な気持ちでいい作品を作る自信がない。
春に九州や関西に行ったとき、やっぱり気が楽になったな……

不安な間だけでも、他の土地に住んでみるのもいいかもしれない…
今も、都心に出なくても家で仕事ができてるしネットでデータが送れるし、私の場合どこでも仕事ができそう
こないだもできたもんね
ノートPCもあるし
前々から、首都圏だけにすべてがあるわけでもないって思ってる。東京にいなければダメってことはない
だから三浦半島に引っ越したわけだし…
地方でのびのびと楽しそうに仕事してる友達も多いもんね。広い目で考えてみると、可能性が膨らんできた！
でもいい大人だし、仕事は無責任にできない
移住？いいんじゃない！打ち合わせのときは飛行機代出すよー
レギュラー仕事のプロデューサー
いい原稿書いてもらわないと困るので、そんなに不安なら移住してくださいよ
ウチは大丈夫ですよー
担当編集者
移住？遊びにいくよ～。楽しみ
九州がいいなー
……
そんなものか…
少しは引きとめて欲しかった
でも、どこでも仕事ができそうっていっても限度があるだろうなあ…

えっと、気になる都市は……
札幌、上田、熊本…
自分にとってゆずれない条件て何だろう
山があって、海か川があるとこがいいなー
車の免許持ってないから、駅から歩いて15分以内かな
ガタン ゴトン
いざとなったら免許とるっていう選択もあるけど
近くに温水プールがほしい！あとは図書館！美術館もあったら最高！
スイマー
コーヒーが美味しくて、原稿書いたりできる喫茶店も必要！
おいしいウナギ屋さんも必要！
移住したはいいけど、地域の人に受け入れてもらえなくて、友達ができなかったらどうしよう
出てけ！
旅行ではなくて、実際に長めに住んでみないとわからないことかもしれない
よし！
そうやって、私は、それぞれの土地で住人になることにしたのです
私の新たな都《みやこ》を求めて！

酔鯨

龍馬の駆け抜けた里は、
にぎやか商店街と
路面電車が便利な街
高知県高知市

高知県高知市情報

龍馬の里、高知県高知市は、四国・高知県のほぼ中央に位置する主要都市で、
土佐藩の城下町として発展。現在の人口は約 34 万人（2010 年国勢調査）。
年の平均気温は約 16 ～ 17℃と過ごしやすく、農業・漁業が盛ん。
ピーマンやなす、トマトの促成栽培でも有名です！
「カツオのたたき」、「よさこい祭り」も名物で、
高知市内では日曜市をはじめとする定期市が、月曜日を除く毎日開かれています。
高知県はアルコールの消費量、酒豪型遺伝子の出現率のいずれも
全国トップ 10 内に入り、酒豪の県としても有名です！
日本酒好きには「酔鯨」でもおなじみかも。

選んだ理由

- ○ 路面電車がある
- ○ 四万十産の鰻が食べられそう！
- ○ 商店街が賑やか
- ○ 街中に高知城がある
- ○ 食が豊か
- ○ 毎日のように市内のどこかで朝市がある
- ○ 山にぐるっと囲まれていて、川が流れている
- ○ 温暖
- ○ 坂本龍馬ゆかりの地
- ○ 観光客も訪れるし、ほどよく賑やかそう

※火曜市、木曜市、金曜市もあります。

高知県高知市へ
あの坂本龍馬が
走り回った町です
ん？
終わりかけの日曜市に駆け込む
大規模な日曜市の歴史は
300年以上※
まだしばらく
滞在するから、
生モノは
買えないなあ…
日曜市名物
ひやしあめ
地元で採れた野菜や
加工品など、山盛りで
目移りしまくり
くじら包丁ゲット
高知市は今回で2回目。
なぜ、私が高知市を
選んだかというと…
前回は路面電車の取材
おとなりの
南国市地域雇用創出
推進協議会さんから、路面電車を
使った観光ガイド養成講座の
ご依頼が
「ごめん・いーのいーの号」講座
講義も楽しく、無事終了
路面電車（土佐電鉄）は
南国市〜高知市〜いの町を
走っています！
高知県&路面電車に
縁を感じたので、
しばらく滞在してみることに
もしかして、高知とは
運命的なつながりが
あるのかもしれない…
夜。リッチモンドホテル高知に宿泊
美味しいもの
たくさん
食べちゃおう
しばらく高知市の住民と
なって暮らします
おやすみなさ〜い

町のシンボル、高知城!!
ジャーーン!
街中にお城があるっていいよね!
高知城天守閣から町を見下ろす
緑がいっぱい。山にぐるっと囲まれてる感じがいい
気もちいい~
おとなりには文学館と図書館が
あつい……
アイスクリン
文学館へ
お城で歴史を感じた後に文学に触れられるなんて
粋なお散歩コースだわ
次は図書館
これおもしろい
はははは
高知市の御当地漫画
「きんこん土佐日記」村岡マサヒロ
火曜市へ
日曜市とは違うのんびりした雰囲気
上町4丁目、5丁目住宅地の水路に戸板を渡して約50のお店が出ている
手作り梅干しを購入
200円
気がつけばランチどき
ロバのパン~♪
気になる…
ランチの相場は1000円以内、平均で800~900円ほど
手作りで野菜たっぷりのお店を中心にセレクト
・草や・
体に優しいランチ
お店の雰囲気もすてき
・中西商店・
四万十ポークの生姜焼き
・Queue de baleine・(クー・ドゥ・バレーヌ)
水色の扉が目印のフレンチ

元・美大生らしく、美術館へ
路面電車大活躍!
ガタン
ゴトン
おトクなきっぷもありますよ!
なんだか空が広いな～。街中に川が流れているのもいい
「高知県立美術館」シャガールの作品を中心に展示する
中庭やカフェでのんびりするだけでも使えそう。図書館もあるし
こんなユニークな美術館も「横山隆一記念 まんが館」
高知県出身の漫画家って多いんだなあ。ここに住んだら、クリエイティブな才能がもっと開花するかも
あ、フクちゃんだ
ボクも高知!
無料のまんがライブラリーには、学校帰りの中学生や高校生が集まる
なんか誰かの家みたい…
またきんこん土佐日記
住んでいる自分が想像できてきたところで不動産屋へ
住むのだったらやっぱり、路面電車の沿線だな
電停から徒歩10分以内の2LDKの家賃はどれくらいですか
だいたい50㎡で、6万5000～7万円くらいかな。駐車場は?
いりません
じゃあそこから5000円引きくらい
え?
だいたい駐車場がついてるのよ、どの物件も
全部とは言えないけど、1Rにもだいたいね
1Rだと2万5000～3万円くらいで借りられますよ
キョトン

※2012年3月閉鎖。現在は高知県庁地域づくり支援課に移住案内スタッフが在席

すみません、高知に移住を考えているのですが……
どうぞ、こちらに
まず、仕事があって、住むという順番になるかと思いますが……
モノ書きなので、どこでも仕事ができるんです。でも、その『どこでも』の限度を知りたいんです
山や海……どんな所が好きか、で考えてもいいですね。海辺の町はサーファーや手仕事をされている方たちもいます
なるほど
へー
たとえば、ブロードバンド状況ですが……
徐々に広がっていくとは思いますけどね
ちょっとムラがありますね……
車の免許持ってないので山奥には住めないですけどね
月に何回か取材に出かけるので、空港へのアクセスがよいところがいいです
ご自分で車を運転されない、となると、高知市内がいいですねー
空の定期便は減ってしまって、関西便、名古屋便、宮崎便、鹿児島便などがなくなってしまったし、陸の便にしても、同じ四国で徳島と香川と愛媛は、本州と橋でつながってるんですけどね
ほう
こないだ終電で東京から帰ってきたんですけどね、夕方6時台の新幹線に乗って。岡山で乗り換えて、高知に着いたら、夜中の12時まわってましたねえ
かなりハードですね!
まわりからの情報が入ってこないから、高知は家賃がけっこう高いとも言われてます
確かに、ちょっと高いような気がしました
駐車場はついてるけど
あ、あと可能性としてお伝えしておかないとならないのは……

南海大地震が30年以内に60%、50年以内に90%の確率で予測されています
……!
キッパリ!
あと、海岸部では津波の心配があり、今後の見直しによってはさらに影響を受けるかもしれません
……!
キッパリ!
日本国内、どこに行っても同じ……!?
きゃー
夕飯は待ちに待ったウナギ「うなぎ せいろ」へ
いただきまーす
うな重
TVローカルニュース
もし南海大地震が起こって津波が来たら……
おいしー
ん?
高知市内は水に浸ります
CG予想図
ひー
高い建物があまりなく、平地なので逃げ場がない
きのう、南国市の市原さんが言ってたのはこれか!
高知空港から南国市に向かう途中
このあたりは高い建物が無いし、山まで遠いから逃げる場所がないんです
いま津波がきたら、この車は飲み込まれます
そういえば、テレビのニュースで南海大地震を取り上げる回数が多いなあ……
それだけ危機感もっているのね
少しずつ、いろいろ見えてきたなあ……
デザートは別腹♥
アーケード街にある「マツヤ」のケーキ

気を取り直して、爽やかな朝
忘れちゃいけないのが、温水プールのチェック！
こう見えても、元プール監視員
路面電車で桟橋通二丁目下車「高知県立県民体育館」
南国だなー、天気良くて気持ちいい
プール日和！
なんと、一般120円！
何時間有効ですか？
いくらでも
は!?
朝9時から夜9時まで、いくら泳いでも120円でいいよ
安すぎ
この安さは嬉しい♪
ひざしがさしこんで明るいし！
そういえば、いいかげん仕事しないと……
メールの返事もたまってるし、ラフ描いて送らなくちゃ
きっさてんらしい
「にんじんの家」にランチ行く？
行くー！
原稿書いたり、仕事ができる喫茶店やカフェも必要です
チェーン店のコーヒーショップがあんまりない感じね
「珈琲専門店　ぽえむ新京橋店」
珈琲の種類がものすごくたくさんあります
ラフを描いて、どこかでスキャンして、USBメモリに保存してデータを送らねば
他にもこんなカフェ行きました
・珈琲屋らんぷ・
コーヒーおいしい
地元の常連さんが集まる喫茶店
・Decenbre・
ケーキセット
オシャレな白い店内で落ち着けるサンドイッチカフェ。

セブンイレブンのゼロックスのマルチコピー機があればバッチリなのよね
モノクロコピー
カラーコピー
ファックス
ネットプリント etc
本当にマルチ!!
あれ?
セブンイレブンの店舗検索
四国には1店舗もセブンイレブンがないことがわかる
うそでしょ~!!
瀬戸大橋渡って下さいよ
ショック!
じゃあ、キンコーズとかリスマチックとかあるかしら
ない!!!!
ひ
そういえば、商店街にそれっぽいお店があった。せめてUSBメモリだけでも欲しいのよね
Macの貸し出しはなし、スキャン1枚の値段が高いので断念
ケチ
そうですか……。USBメモリは売ってますか?
この商店街には売ってないんですよ
え!?
高知駅近くのケーズデンキさんならあると思いますよ
そういえば、昔ながらの文房具屋さんは2~3軒見かけたけど、画材屋さんがないなあ。お気に入りのボールペン探したけど置いてなかったし
しかし、画材屋さんがないと困るなあ
みんなネットで買ってるのかなあ……
無事にUSBメモリゲット
超広い店内

細かいことを挙げたらキリがないけど、商店街は充実してます。大丸もあるし、洋服屋も多い。本屋、CDショップもあり、人が多くて賑やか
お気に入りになったお店
「PAPER MESSAGE」
かわいいデザインの紙モノがたくさん
土佐デザインのレターセット ポストカードを購入
ひろめ市場をはじめ、特に飲食店が充実しているような気が 夜にひとりで入れるお店も多い
最後の晩餐はどこにしようかな
・カフェ ムームー・
たくさんのおかずやスイーツから選べます。外国にいるみたいな雰囲気
・蔵・
美味しいお酒と新鮮な魚、野菜、何でもあります
・パスタカフェ HORN・
地元の食材を使った美味しいパスタが充実
最後の晩餐は「リゾートダイニング スルクラセ」へ
どれも美味しそう……
激しく迷っている→
メニュー
よかったら、ハーフもしますよ～
土佐あかうしのステーキを注文
超おいしい……!!
旅行ですか？どちらからいらしたの？
取材で神奈川県から来てます
高知は美味しいものたくさんで羨ましいです。お肉もお魚も野菜もお米もお酒も
でしょ～
土佐あかうし、四万十ポーク、土佐ジロー、カツオ、酔鯨、柚子……
キョーコさん
商店街もお店たくさんあるし、賑やかで
夜の8時にはだいたい閉まっちゃうけどね
ナスのグラタン
この商店街に広末涼子ちゃんの実家のお店があるのよ
そうなんですか？よさこい祭りには毎年参加してるみたいですね
へー

近くにお住まいなんですか？
私、4月から東京でアロママッサージの勉強をしていて、たまたま帰省しているとこなの
東京って家賃高いわねー
資格を取ったら、高知に戻ってきてアロママッサージのお店やりたいと思っていて
いいですね！高知ならではのアロマオイルも作れそうですよね
柚とか文旦とか……
京子さんといろいろ話した高知を出て、改めて実感した高知の素晴らしさを
野菜のせいろ蒸し
やっぱり勉強するのには、東京が恵まれてるのか……こんなふうに、京子さんみたいに地元に戻ってくる人がこれから増えるといいな
京子ちゃん、東京は住むとこじゃないよ。早く帰っといで
あの人は、仕事で京都と高知を行ったり来たりしてる人。舌が相当肥えてるわよ
最後の晩餐で、地元の人とたくさんお話しできてよかった
パシャ
すみません、作業できる環境ではないので、帰宅したらすぐにデータを送ります、と
高知は楽しくて、あんまり仕事する気分にならないな
それはまずいよね
ははははは
よっぱらい
……
まだ帰りたくないな…

最終日「MY遊バス」の1日券（1000円）を購入、五台山と桂浜方面をまわることに
高知市内はバスも充実してるのよね
おんなひとり、桂浜〜♪
どんどん山をのぼっていく
うわー
高知の町って広い
おんなひとり、桂浜……
〜♪
写真撮りましょうか？
警備員
パシャッ
海津見《わたつみ》神社へ
よい移住先が見つかりますように……
パン
パン
バスで五台山の牧野植物園へ
実家の近くに「牧野記念庭園」があるから、何だか運命を感じるわ
市内の中心から少し離れると、もっとゆったりとした気分に浸れる
気分転換にちょうどいい距離
高知は本当に自然が豊かだなあ
牧野先生が植物に興味もったのもわかるような気がする
ゆったりのんびり、元気になれる高知
食に恵まれているというとこが、食いしん坊の私にぴったり
しかし、一番の弱点は……
仕事する気にならない
うわー！帰ったらやることたくさん！
都さがしは続きます

安芸駅前の
ちばさん市場で
レンタサイクルを無料で
利用することが
できます！
となりの安芸市も
のぞいてみました。
高知駅
安芸駅は
このあたり
・JR高知駅から
土佐くろしお鉄道安芸駅
まで快速で約50分
・高知市から40km
車で約1時間
サイクリング
気持ちよいです
～♪
途中で海が見えます
一日2往復です
「しんたろう号」と「やたろう号」はオープンデッキつき
「廓中ふるさと館」
で休憩。
ジェラート
あります♥
おいしー
「歴史民俗資料館」
と「武家屋敷」へ
ほー
安芸市の
シンボル
野良時計
となりには
・高岡茶屋・
釜揚げちりめん丼
いつか、もう少し時間を
かけてまわってみたいです。
温泉や陶芸・ガラス工房、
岩崎弥太郎の生家など
他にも見どころがたくさん。
より、のんびりさや、
自然を求める人
には、ぴったりの
町です。

加藤清正が築いた水郷は、

今や日本有数の
おしゃれでモダンな街
熊本県熊本市

熊本県熊本市情報

九州のほぼ中央に位置し、人口は約 73 万人（2010 年国勢調査）で、
2012 年 4 月 1 日より政令指定都市へ移行。
年の平均気温は約 16 ～ 17℃で温暖。
熊本県は全国有数の農業県で、トマト・い草・すいか・栗などが有名。
有明海や天草の新鮮な魚介もおいしい。市内は豊富な地下水を誇り、
中心部を流れる白川・坪井川・井芹川を称え、「水と森の都」とも呼ばれる。
阿蘇山を擁し、県内各地、市内にも良質な温泉がわき出ている。
夏目漱石や小泉八雲が五高の英語教師を務めるなど、文化人とのゆかりも深い。
ご当地キャラの「くまモン」も人気沸騰中！

選んだ理由

○路面電車がある
○西日本屈指の商店街が賑やか、若い人が多い
○ポールスミスを日本で初めて紹介した街は熊本らしい!?　お洒落な洋服屋さんも多い。
○街中に熊本城がある
○食が豊か
○水道水が阿蘇の地下水
○街中に川が流れている＆湖がある
○博多に出やすい

熊本空港から
市内行きのバスに乗る
市内までだいたい20分くらい
山々の美しいこと…
はやくも癒されてる…
縁があるのか、熊本は今回で5回目
某雑誌の路面電車の取材で訪れ、沿線をまわるうちに
ゴトン
ガタン
住みやすそうな町だなあ
と思ったのです
タクシーに乗れば運転手さんの熊本自慢
熊本は食べ物が美味しいね。あと、水が豊富!
ミネラルウォーターなんて買ったことないね
ほー
自慢話が止まらないうちに目的地に到着
ちょっと車走らせれば、温泉があるし…
うらやましいです〜
領収書ください
滞在先は『ウイークリーマンション憩』
日赤病院の前だから、何かあっても大丈夫!
何かあったら困るけど…
部屋はこんなかんじ
玄関
トイレ
TV
ベランダ
快適に暮らせそう〜
日当りがいいし前は畑で見晴らしがいい!
最低限のキッチンセットもついています!
さっそくスーパーへ買い出し
歩いて約5分
地元の野菜が豊富!
熊本野菜のコーナーだ
トマト
たまねぎ
キャベツ
魚、干物も充実
そういえば、天草も近いんだよね
水道水が阿蘇山の地下水ってことは、お米も美味しく炊けるよね
ということは、お風呂の水まで天然水? なんてぜいたくなの?!

おいしー
戸村の焼肉のたれ
宮崎県内ではどの家庭にもあるという定番商品。九州内では流通しているようです
↑豚肉&野菜たっぷり炒め
熊本市民になりきって楽しもう♪
おやすみなさーい
今日はバスで中心街へ
熊本に興味をもった仕事仲間が遊びに来るので、市内をご案内
←なんか偉そう
西日本屈指のアーケード街!
相変わらず賑やかで、人がたくさん
若い人も多いし
ポールスミスが日本で初めて紹介された街はなんと熊本なんです
Paul Smith
九州の中でもお洒落ダントツな県?
前の会社の同僚、塩冶《えんや》さん登場
こんにちは〜
今日はよろしくお願いします
熊本ビギナー→
玉屋通りにある「橙書店」雑貨や本が並ぶ素敵なカフェ
友達に教えてもらったんですよ〜
すてき!
塩冶さんは日本のあちこちに可能性を感じている仲間のひとり
神戸って、京都や大阪と比べると癖がないからアリかなって
あー、わかるわかる。
わたし港町好きだなー
ドリア
タコライス
新市街のあたりは小さなお店が並んでいる
これからもっと楽しくなりそうな予感…

歩いていると熊本城が見える
熊本城、超かっこいい！男らしい！
でしょ！
アーケードのむこうに城があるってすごい！
買い物帰りに城に寄れちゃう
熊本城に抱かれたい！
抱かれたい！抱かれたい
ははは
ぎゅっ
テンションが高いふたりの散歩は続く
はははは
パシャ
お城のふもとには「桜の小路」があります
熊本の食を堪能できる飲食店や土産店が集合！
いきなりだんごもあります
熊本城・市役所前電停から路面電車に乗車、水前寺公園電停で下車
水前寺公園へ
わたし、ここ好きなんですよ～
ほどよい広さでいいですね
素敵な庭を眺めながらお茶が飲めます
古今伝授の間
近所に住んでたら、この公園に毎日来ちゃうかも
次は、江津湖へ
気持ちいい～
熊本市民の水がめでもあります
住宅街の中に、こんな湖があるなんてすごくないですか？
近所に住んでたら毎日来ちゃうかも
また言ってる
RRRRR…

※となりにはミュージアムショップがあります

ゼロセンターへ
はじめましてー
坂口さん
3・11の原発事故直後は、ここにあふれるほどの人が集まったらしい
かわいー
坂口さんは熊本で不自由のない生活を送っているというかとても満喫しているようす
こないだ、みんなで塩作ってみたんですよ
へー
鈴木さんはいつ熊本に引っ越して来るんですか
まだ全然決まっていません!!
時間がゆっくり流れてる
こんな素晴らしい環境だったら、いい文章が書けそう
熊本で取材が終わっちゃうんじゃないですか〜?
それもアリですね
結果的には熊本に移住されてもかまいませんが、ちゃんと他も取材してくださいね…
SWISSでお茶
熊本っ子御用達のケーキ屋さん
おいしい
坂口さんは実家が熊本っていうのもあるから安心して住める要素がたくさんあるんじゃないかな高校生まで過ごした土地だし
山本さんにしても先祖が熊本だし
私は……

特に熊本と縁があるわけでもないし、まだミーハーな要素が多いような気がする
きゃ
きゃ
熊本LOVE
熊本LOVE
熊本LOVE
不動産屋へ
まあ、とりあえず物件の相場を調べてみるか
ゼロセンターの家賃は3万円だって
JRの熊本〜水前寺あたりと、路面電車の電停から歩いて15分以内の2LDKの物件の、家賃はどれくらいですか？
上熊本
水前寺
健軍町
新水前寺
熊本
建築年数にもよりますが、平均で6〜7万、8万でけっこういい物件が借りられますね※
ちなみに1Rは平均2〜4万 1LDKは平均5〜6万くらいです
ほー
市電よりも熊電沿線の方がお安いですよ
熊電とは熊本電気鉄道のことです
のどかな環境でいいですよ〜
なるほど。でもちょっと不便かしら
水前寺公園とか江津湖のあたりが好きなんです
「神水」っていう地名にも惹かれます
あのあたりは大人気エリアですよ！ちなみに健軍方面に行くにつれて、お安くなります
市電沿いでも、町の中心からそんなに離れなければ、市電に乗らなくても自転車で間に合いますしね
それは便利！
プールに通いたいので、市民体育館か県立体育館の近くがいいですね〜
市電沿線に公共のプールが2つもあるなんてぜいたく！
それでしたら、水前寺周辺以外にも、上熊本方面でもよいかもしれません
駐車場がついてるんですね
だいたい1台分ついてますね
2台分ついている物件もあります

※場所や条件によって家賃は異なります

もし必要がないようでしたら、駐車場料金を全額ではなく一部負担という形で、3000～5000円引きになる物件もありますけど、熊本で車がないと不便だと思いますよ
やっぱり免許ないと……
あれ？ 礼金がない物件が多いですね
そうですね、あっても敷金が1～2か月とか
初期費用がかなり安い！
水に恵まれてる地域ならではのこともあり
この『ポンプ代月1000円』って一体…
それはとなりの大家さんの家の井戸水を使ってるんです。水道代は無料です
「水道費込み」「水道料金定額」っていうのもある
熊本市って、水道水が地下水なんですよね
ミネラルウォーター買ったことないです
そうですね
参考にいくつか内見させていただくことに
広い……!!
2LDK、54㎡、6万円です。ちょうどいい広さですね
路面電車某電停から30秒くらい・マンション6階
窓の外には熊本城！
なんて素晴らしい借景！
プールも近いですし、自転車で中心街に行ける距離ですよ
次はあこがれの水前寺＆江津湖エリア
3LDK、77㎡、5万8000円です
今日から公開の物件です
さっきより広い！
窓からは路面電車が見えるんですよ
何ていうことでしょう!!
すぐ決まっちゃいそうですね…
まあ、なかなか出ない超優良物件ですね

夕飯食べて帰ろうかな～
キュ～グルグル～
こんな美味しいお店に行きました
・紅蘭亭・
タイピーエンが有名。他の定食メニューもおいしい。
満腹なのに、ついつい隣のケーキ屋「SWISS」に流れてしまう…。
・岡田珈琲店・
カレードリア
熊本の定番コーヒー屋さん。珈琲はもちろん、軽食やケーキ、焼き菓子もおいしい。
・Private Lodge・
マクロビオティック料理。体を整えたいときに頼りになるお店。
・PAVAO・
夜、飲んだ後にお茶するのもいい感じ。
さんざん迷って、鶴屋の地下の食料品売り場へ
馬肉コロッケ2つください
おいしそ～
おやつにflorestaのドーナツも購入
バスもけっこう走ってるし、駅から近ければ、車なくてもとりあえず大丈夫そうなんだけどなあ
っていうか走りすぎ？
何だか本当に住人になったみたい
ぷ～ん
その夜、東京の友人から衝撃的なメールがくる
え――！K平くん一家福岡に引っ越すんだ
K平くんは東京生まれ東京育ち
なんか焦るなあ…

午前中はみっちり仕事して、今日はリフレッシュの日 熊本県立図書館へ
あ
パシャ
パシャ
にゃー
にゃー
おびえてる
野良猫だって、自分が居心地のいいところを探してるんだよね
……
家賃かからなくていいね
熊本県立図書館へ
地元発行の雑誌を見て、美味しいお店のチェック!!
となりには文学館があります
へー、この人もそうなんだ
熊本の恵まれた環境が文才をうみだしたのね。
少し歩くと県民体育館
なんだかいい流れ。文武両道ってやつ?
大人2時間 360円 ちょっと高め?
あら!戻ってこないのね!ってことは、360+50円で410円か……。微妙に高いかも
普通戻ってくるよね。地元の人は鍵かけてない人が多い
ガシャンッ
気持ちいいなー
明らかに都会の子どもと違うなあ
超健康的!
地元の中学校の水泳部っぽい

夕暮れの江津湖きれい
プールの後は温泉!
いざ、ばってんの湯へ
歩ける範囲だと思ったら、けっこうある…
車ばっかりで誰も歩いていない国道
ばってんの湯
天然温泉
岩盤浴
ゆったりラクラク 家族湯
やっとついた!
温泉も360円。プールと同じか
そしてここもプールと同じく50円戻ってこない……
ガシャンッ
重要な収入源なのかしら
ロッカー
気持ちいい~温泉があるのはポイント高い
♪
ばってんの湯は家族風呂もあり、貸し切り利用もできます。
路面電車の電停まで歩くかな。途中でバスがあったら乗っちゃおう
ホカ
ホカ
やっぱり、けっこう距離ある……
自家用車ばかりでタクシーも通らない
結局、市電の電停まで30分くらい歩いて湯冷めする車の重要性が身にしみた秋の夜
ヒッチハイクしたい……
免許取ろうかなあ
ハクションッ
夕飯はおでん

しかし、実際に熊本に住んでデザインや出版のお仕事は続けられるのでしょうか
ナマの声をきいてみることに
熊本に移住したご夫婦
旦那さんは東京出身、奥さんは熊本がご実家
ここ、高校生のときによく来てたの
へー
「ホイロ」オムライス♥
旦那さんはフリーのデザイナー
子どもへの放射能の影響が心配なので、奥さんの実家の近くにとりあえず移住
埼玉のマンション気に入ってたんですけどね
基本的に家で仕事をしていて、打ち合わせでたまに東京に行くという生活
仕事してると、娘が近くで絵を描いてたりするんですよ
来年小学生の女の子がいて…
お父さんが家にいるなんて、お子さんも嬉しいでしょうね
今はネットで納品もできちゃいますしね
スカイプで打ち合わせもできますし
東京行くときは、早めに予定を組んで飛行機を予約するとすごく安いの
それ重要！
仕事はなんとかなりそうかも
あ、編集者さんにラフ送らなくちゃ
キンコーズ熊本市役所前店へ
キンコーズがあって助かった！
熊本の街はビジネスにも対応ばっちり
例えば打ち合わせで博多に行くときも便利なんです
2011年に九州新幹線が開通 便利になりました！
博多
熊本
鹿児島中央
鹿児島中央まで約50分 博多まで約40分、新大阪まで約3時間.

つばめで博多へ
こんにちは〜
今日は博多に遊びにいってきます♪
ホント、あっという間に着いてしまいます
博多も住みやすいかもね
天神の行きつけのお店「クチーナマリーノ」へ
んー、高宮とか平尾あたりかなあ
西高宮小が学力高くて人気みたい
地元の人にきくのが一番!
博多周辺だったら、どの辺りが住みやすいですか?
いつも超おいしいです♥
タモリさんと森口博子さんが博多出身なんですよ
っていうか鈴木さんまたライブに来たんでしょ
あ、ばれてましたか
不動産屋へ
地元の知り合いに、高宮とか平尾がおすすめときいたのですが……
あの辺りは住みやすいですよ。西鉄天神大牟田線の急行は止まらないんですけどね、バスがたくさん通っているしアクセスは良好です
JR竹下駅も便利ですね
天神、薬院、大濠公園 西公園あたりは高め。特に百道は億ション地帯 中洲あたりは下町の雰囲気
百道
西公園
天神
中洲
大濠公園
薬院
博多
地下鉄空港線
福岡空港
西鉄平尾
高宮
竹下
西鉄天神大牟田線
大きく、博多派と天神派に分かれる 遠出をするとき、空港利用が多いのか、博多駅から新幹線利用が多いのかを基準にするのもいいかも
ちなみに博多駅と天神駅を結ぶ100円バスがあります

2LDKで平均8万5000円からですね。古い物件ですと6万円くらいからあります。けっこういい物件は10万超えますね～
1Rは3万、4万ですね
わりと家賃高いんですね
駐車場はついてます？
ついていませんね。借りると1万2000円くらいですねえ。天神あたりだと2～3万もしますよ
博多って都会ですね！
高い!! 熊本よりも高い!!
博多って、ゆったりした東京みたい
にぎやかなのにひろびろ～
何でも揃ってるし
博多駅直結のアミュプラザ＆阪急天神のエリアでお買い物＆お食事便利
東京の生活に慣れている人でも住みやすいかもしれません
熊本だったら、博多まで近いから、日帰りでライブやお芝居も楽しめそう♪
もちろん熊本公演と鹿児島公演も行けるし
きゃー！
ただの追っかけ
そして、美味しいモノもたくさんあるし
博多もつ鍋 やま中 赤坂店
食いしん坊にはぴったりの町！
とんこつラーメンは「山ちゃん」がおいしい
新幹線のお得な切符もあります
ガー
がー
また、のんびり旅なら熊本―博多はバスの方がお安いです

パチッ
熊本市民も今日で最後かあ……
ふあああ…
わりと仕事もはかどったし、気分転換もできて楽しめたなあ
ウチの地元よりも買い物やお茶するのに便利だったかも
私、あんまり田舎すぎる土地はダメかもなあ
でも、緑が多いところがいい
あと、やっぱり山があるところがいいな
今の家も山が見えるし
「理想の都」像がだんだん見えてきたような気がする
海もほしいわ
都さがしの旅は続きます
さあ、お次は…

何もないけど、何でもある。

田舎すぎず、都会すぎず岡山県倉敷市

岡山県倉敷市情報

岡山県の南部、瀬戸内海に面して位置し、人口は約48万人（2012年4月)。
瀬戸大橋で四国とつながり、交通・物流の要衝。
倉敷川に沿った白壁の町並みが「美観地区」として有名。
温暖で晴れの日が多く、雨が少ない瀬戸内海式気候で、
年の平均気温は約15.5℃と過ごしやすい。
観光・文化・スポーツ都市といったイメージが強いが、
実は大阪市に次ぐ西日本を代表する工業都市でもあり、
水島臨海工業地帯には日本有数のコンビナートが立ち並ぶ。

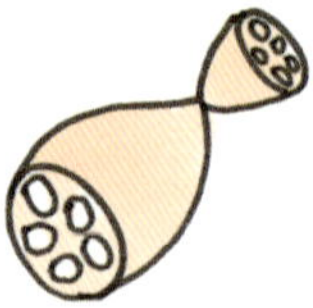

選んだ理由

○町並みが素晴らしい
○落ち着いた環境でいい作品が作れそう
○岡山に住んでいる従兄弟や友人が岡山は住みやすいと言っていた
○晴れの日が多い
○大きな災害をきいたことがない

「倉敷」という響きなんだか魅力的
くらしき
倉敷
KURASHIKI
転勤で岡山の某市に住んでいた従兄弟
ウチに遊びに来ても、みんな倉敷に行っちゃうんだよね
ウチの親まで…
「今度倉敷に行きます」とFacebookに書き込んでみれば、反応が激しい
おおっ
チボリ公園行ったよ!
大原美術館すばらしい!
高橋大輔くんの実家が倉敷だよ!
ダーッ
スケートおたく
岡山駅周辺には何度か行ったことあるものの倉敷は未知の世界
さあ、どんな生活が待っているのでしょうか
ボーイング787
岡山空港から倉敷駅までバス
観光客とビジネス関係が半々くらいの車内
倉敷駅到着
チボリ公園の名残
到着~
寒い!
歩いて町並み保存地区へ
おおっ!
ポストカードみたいな風景!!
白鳥!!
すでに超感動してる私!!!
住みたい!

滞在先は「御坂の家」NPO法人倉敷町家トラストが町家再生第一号として、修理、再生をした
素敵！
間取り図
高台にあるので町が見おろせます
3人まで宿泊可能
町家トラストの仁科美穂子さん「御坂の家」の利用方法の説明から始まり、同い年ということもあり話が弾む
鈴木さんのHP拝見しました～
あら、はずかしい！
仁科さんは千葉県出身、倉敷に住んで10年になる
憧れの楢村さんの事務所で働きたくて、倉敷に来ちゃいました
古民家再生で全国的に有名な倉敷建築工房楢村徹設計室
都内の建築事務所に勤めていた旦那さまも倉敷に移住
夫婦で5年前に、仁科建築設計事務所として独立しました
へー
古民家も新築も手がけてます
倉敷は住みやすいですか？
近くに郵便局もギャラリーも食料品店もだいたい何でも揃っていて、自転車でことが済んじゃうんです
あんまり雨降らなくて、晴れの日が多いし
雨女にはいい土地ですね！
倉敷は何て言うか…シティライフがぎゅっとつまっている、感じ
ぎゅっと…

食料品の買い出しへ
ぎゅっと詰まってるって素敵な表現♪
宿から徒歩5分にある「元気屋」オーガニックなものを扱っています
地元の野菜が新鮮！安い！
ブロッコリー大きい
ちりめんじゃこだ。瀬戸内海が近いから？
RRRR…
よかったら、今夜ウチで鍋でもしませんか？
ぜひ！お邪魔します～
調子がいい
こんばんは～
事務所兼自宅の仁科家
素敵なおうちですね
真弘さん
運良く借りることができたんです
博多に転勤になったときに、地方都市の楽しさを知ったんですよ
博多は何でも揃ってるし、美味しいモノ多いですものね
ぐつぐつ
でもたまに東京に行くと、全部見なくちゃ！って思って忙しいの
ははははっ！
真弘さんのご両親の生家が岡山県内にあり、子どもの頃はよく遊びに来ていたという
それ、ぜったいご先祖によばれてますよ。導かれてる！
不思議～
そうかな。でも、美穂子が先に倉敷行ってたんだよね

でも、20代だったら、倉敷の良さがわからなかったかもしれない
ふたりともニュータウン出身だから、倉敷みたいな町が新鮮だったのかも
横浜→
←千葉のニュータウン
倉敷は、いろんなものがいろんなところに散らばっていて、選んで拾って行く感じかな
ほー
歴史と生活が一体になっているとこもいい
それなのに、近所のホールで有名なミュージシャンのライブ見て、帰りにイタリアンでワイン楽しんで歩いて帰れる町なんて、そんなにないよね
まさに、ぎゅっと詰まってる感じなんだな
岡山って天気もいいし、大災害の話もきいたことないし、魅力的ですね～
でも大地震が起これば…
倉敷市内には津波の影響が出る場所もあるようですよ
へー
そうなんですか…
そうそう、御坂の家のある山は江戸期よりも以前は海に浮かぶ島だったんですよ
ホントですか？
びっくり！
倉敷の町のことが少しずつわかってきた夜でした
ごちそうさまでした～
おやすみなさ～い
次の日、NPO法人倉敷町家トラスト代表の中村泰典さんにお話をおききすることに
こんにちは
はじめまして
このあたりは美観地区に指定されて44年たちますが、60年以上保存の歴史がある町並みなんですよ。明治維新のときに変わったんです
火鉢

明治維新の後、沈滞ムードが漂う中、産業を起こす紡績(大原家)が中心となり、地域づくりが始まった
昭和5年当時に、あんな立派な大原美術館みたいなものがあるところなんて他にはなかった
戦時中、幸いにも空襲にあわず、家が焼かれることなく残った
この町のこの景色のすばらしさは残すべきだ
と思いのある人たちの声が強かった
普通の人が暮らす家。立派な暮らしではなくて、確かなもの……
NPO法人倉敷町家トラストは6年目
明かりを灯す。小さな家を直す。ヒューマンスケールを大切にしているんです
活かす、暮らす、灯す
ほー
このあたりで古民家に住みたいと思ったら、どうしたらいいですか
まずは、地域の人と友達になることですね
僕は『この町が好きですか?』と必ず聞くことにしています。あとは、コミュニティの活動が大切。ただ住むだけではダメ、いい町にならない
地域の人と仲良くなれば、もっとこの町が好きになりそう
うんうん
ここはね、何もないけど、何でもあるよ
……
裏道は歩いた?
?いいえ?

ここ、人の家の土地じゃないんですか??
はははは
こっちに行くと仁科さんの家の裏に出るよ
いつでも自転車借りにきてください
ありがとうございました
1本細い道を入るだけで、地元の人の日常が見えてくるんだな
お邪魔しますってかんじ
ここで…地元の方おすすめのランチ
・桜草・
2階の和室落ちつけます。
・大西うどん・
お昼限定のままかり寿司あり
・プチ・ラパン・
座席8席の小さなビストロ
・みやけ亭・
ランチセットがお手頃。
ビーフシチューが有名なお店
おいしいにゃ!
・トラットリア はしまや・
超人気店なので予約した方が無難
やだ、爪がボロボロ。マニキュア買いに行こうかな
倉敷駅前の「天満屋」は、ロフトもあるし便利
フフ、私もまだ乙女ね
帰りはえびす商店街でお買い物「肉のいろは」でコロッケとアジフライ購入
晩ご飯のおかずにしよう

郵便局へ
明日、記念切手発売なのよ
じゃあ、また明日来ます
また明日、なんて住人みたいだわ
「平翠軒」には世界中から選び抜かれた食材がたくさん
見てるだけで楽しい
2階はギャラリーとコーヒーコーナーがあります
倉敷は落ち着ける素敵なカフェが多いわ
倉敷カフェ情報
・フェリシテ・
焼きたてスコーンおいしい
・エルグレコ・
オリジナルポストカードあり
大原美術館のとなり
・エル・パンドール・
ザッハトルテおいしい!
・mugi・
天然酵母のおいしいパン。
2階にイートインスペース
・あきさ亭・
ギャラリーもあります
朝ごはんは要予約!
・三宅商店・
ケーキやパフェがたくさんあって迷う
・水辺のカフェ・
モーニングメニュー
目の前に川が流れるカフェ
ちょっと足をのばして…
倉敷は自転車が似合う町です
なまこ壁の間を抜けるときが、気分がいい~
大原美術館へ
出張ついでのサラリーマンらしき人たちが意外と多い
続いて、水泳センターへ
これはすごい!!
なんと、25mプールはもちろん、50mプールもあるのです!!
しかも2時間210円で安いし

やっぱり、プールの近くに住みたいな
ノーメークで帰れるし
ところで、気になる不動産情報は？
倉敷駅の北口にある不動産屋へ
今日、こんなに寒いの珍しいですよ。倉敷は雪積もらないし。岡山でも北の方は雪がすごいですけどね
すみません、私が雨女だからかもしれません…
築年数によりますけど、駐車場代は1台分ついていて、2LDKは築浅で7万5000円～8万くらいですね
1Rは5万以下
1LDKは6～65000円くらいかな
3LDKはほとんどないですね。若い家族は子どもができると家を買ってしまうので
へー
北口は、紡績工場の跡地にアリオ倉敷と三井アウトレットパーク倉敷ができて、人の流れが変わりました
県外からもお客さんが
ほぉ
ざっくりした地図
三井アウトレットパーク倉敷
アリオ倉敷
北口
倉敷駅 南口
大島
商店街
御坂の家
美観地区
大原美術館
倉敷川
やっぱり商店街がある美観地区方面がいいなあ…
都会から移住希望される方は、古民家に住みたいっていう方と美観地区近くのマンションを探しにこられることが多いですね
特に美観地区は物件が少ないんですよ。あと、マンションよりも軽量鉄骨のコーポが多いです
なるほど

南口方面ですと、美観地区が近い大島あたりが住みやすいと思いますよ
駅まで徒歩10分の静かな住宅街
ありがとうございました
大島地区の不動産屋をハシゴ
住みたい地域の不動産屋に行くのがベストみたい
2LDKですと、マンションで8～9万、コーポだと5万～5万5000円とか6万5000円。
築年数も昭和だと下がるし平成だと上がりますね
やっぱりコーポはお安いんですね
自転車だけで大丈夫でしょうかねえ…
買い物くらいでしたら間に合いますけど、倉敷に住むのなら、やっぱり車がないと不便ですよ
ふふふ
倉敷は住みやすいですか？
住みやすいですね。私はずっと倉敷から出たことないけど。いい田舎ですよ
私にとっては、田舎すぎず、都会すぎず…。不思議な町だなあ
ぎゅっとあれこれ詰まっている倉敷、お散歩は続きます
倉敷民芸館
倉敷ガラス
ミニ封筒
カレンダー
グッズもたくさん
倉敷市立美術館
倉敷ゆかりの作家の作品多い
となりには図書館と自然史博物館があります
そういえば、おみやげ買わなくちゃ！
自分のばっかり買ってる

美観地区の小さなお店
如竹堂
倉敷町家テープ
かわいい!! マスキングテープがたくさんあって迷う！
倉敷クラシカ
ご主人が撮影した写真のモノクロポストカードがすてき
他にも帽子店、鞄店、ジュータン店も
次は、阿智神社！
しかし寒いわ
あれ？雪だ
雨女、雪を降らせてしまいました〜
どんどん激しくなってくるし
うわ……
幻想的…
「高田屋」でごはん おでんが美味しい
倉敷はあんまり雪が降らないって言われてるのに…。歓迎の雪…？
ただの強烈な雨女
でもホントに雪の降る町並みキレイだったな…
あー おなかいっぱい
ん

夜は美観地区の道に明かりが灯ります
静か…
きれい
観光地といえば観光地なのに、古民家に人が普通に暮らしていて明かりが灯っているって自然でいいな
倉敷は変な誘惑もないし…上質というか…落ち着いていい作品が作れそうだなあ
チュン
チュン
……
節分なので恵方巻き
わたし、この本の原稿の仕上げ、ここで書いてもいいなあ
いい原稿が書けそう!
倉敷は観光も日帰りの人が多くて泊まる人はほとんどいないとか。もったいない!
はっ!
って言ってるくせに、わたし全然原稿進んでない!!
さて、次の都さがしはどうなることやら

return
バシッ
うるさい…
「return」キーの押し方が
豪快な人をたまに見かけますが
ちょっとイライラします。

Apple
11インチ
MacBook Air
を愛用しています
これ以上大きい&重いはムリ。

そんな!
すいません
WiFi
思いがけないところで
ネットがつながらないと
本当に焦る

長期滞在にあったら便利なものって……？

ありがちな答えですが、やはりノートパソコン。基本的には、滞在先でのネット検索やメールチェック、原稿作成が中心の利用。図書館や書店で地元の本を立ち読みして、気になる場所やお店の名前だけ頭に入れておき、あとから詳しく調べることも。電車や飛行機の中、カフェはもちろん海辺までもが書斎となり、世の中とつながっていられるって単純にすごいって思うんです。締め切りからは逃れられないという弱点がありますが。

ちょっと
そこまで
買い物へ
雨の日は…
すいとれ
すいとれ
あ〜
さっぱりした
フロントでいらない新聞紙をもらい、
靴につめて湿気をとります。
私は雨の日以外でも、実行してます。

靴は、もう1足あると便利です。私は決まって、歩きやすく雨に強い素材のバレエシューズ。特にメインの靴をブーツや、スニーカーにしたときに重宝します。ちょっとそこまで、食事や買い物に行くとき、さっと履ける。もちろん雨の日にも大活躍。室内用のスリッパも持参します。お風呂上がりに素足で気兼ねなく履けるので、気分がよいです。荷物に余裕がないときは、厚手の室内用靴下を。足下まわりを快適にしていると、よい旅になるような気がするのです。

あったら便利
調味料など
油はビンに
なたね油
ごま油
ハーブ塩
ゆで野菜にかけるだけでOK
塩
コショウ
てんさい糖
黒ゴマ
白ゴマ
みりん
料理酒
ティーバック
ほうじ茶
かつおぶし
和風だし
欧風だし
事前に
確認しておきたいこと
・レンタルキッチンセットの中身
・炊飯器の有無
・電子レンジの有無
滞在先の設備にあわせて調整
フライパン
なべ
炊飯器
おたま
さいばし
へら
包丁
ゴム手袋
カトラリー
木のうつわ
軽くてわれない！
タッパー
ふきん
麻のキッチンクロス
キッチンペーパー
ご当地調味料の
チェックも忘れずに！

今回の取材では、台所つきのウイークリーマンションにも滞在しました。私なりのルールで、米と味噌と醤油は現地のものを買って使うということに。その他の調味料、例えば油や塩コショウなどは、その都度買っていたら出費がかさんでしまいます。そこで、現地でも充実した料理ができるよう、小分けして準備しました。滞在先に炊飯器がなければ段ボールに入れ、使い慣れた鍋やフライパンも入れて宅急便で送りました。充実した料理ライフが送れますよ。

笑顔で「こんにちは」が似合う町は、子どもたちが帰ってくる愛媛県喜多郡内子町

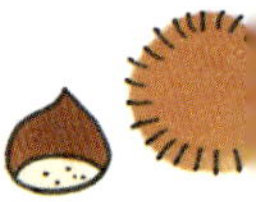

愛媛県喜多郡内子町情報

愛媛県のほぼ中央、松山市から約 40km の地点に位置し、
人口は約 1 万 8 千人 (2012 年 4 月)。
典型的な中山間地で、農林業が主たる産業だが、
豊かな自然と特色ある地域文化を大切にしている。
第一次産業の活性化などの取組みでは全国的に有名。
かつては木蝋、和紙等の生産で栄え、
現在では「エコロジータウン内子」をキャッチフレーズに、
白壁の町並みを保全。
これらを生かした観光産業やグリーンツーリズムの取組みが進んでいる。

選んだ理由

- ○ 町並みが素晴らしい
- ○ 山と川がある。海も近い
- ○ 新鮮な野菜、魚介類が手に入りやすい
- ○ 内子豚がおいしい！
- ○ 内子町の人々が温かい
- ○ 温暖な気候

10年くらい前、突然知り合いのデザイナーさんに言われる
愛媛県に内子町っていう町があるんだけど、鈴木さん好きそうだから行ってみるといいよ
僕の母親が内子出身なんだ
内子??
調べてみると、どんどん内子のことが気になり始める
山間の小さな町。素敵な町並み…
ピロロロン〜
→メール着信
内子
そんなとき、松山のとあるデザイン専門学校から講演の依頼が
帰りに内子に行けるかも!
ぜひ! お受けします と…。
さらに編集プロダクションの忘年会で
今、愛媛県の内子町の小冊子を作っているんですよ
「うちこハローノート」っていうんですけど
え?内子!?
わたし、内子に行くんです!!!
誰か紹介してください!
はい…。わかりました…
講義も無事(?)終了
若いうちにしておいたほうがいいことってなんですか?
えーっと…
そして、内子へ。内子在住の岡田さんを紹介していただく
はじめまして
はじめまして
岡田さんは東京の会社を辞め、実家のある内子に戻った週に2~3日東京に滞在して仕事、内子に戻れば、町を盛り上げようと頑張る3人の息子さんのお父さん
もちろんよばれてない
鈴木さんまた来てる…
内子がまんまと気に入ってしまい、「うちこハローノート」の取材にくっついてきたり、手作りのポストカードを「旅里庵」(観光案内所)で販売させていただいたり岡田さんともその後、交流が続く

そんなある日…
この本の滞在先をそろそろ決めなくちゃ
RRRR…
あ、岡田さん、ご無沙汰してます
実は内子のお菓子屋さんが、鈴木さんのイラストを使いたいっていう話があって…
じゃあ、内子行きます!!
かくかくしかじか、格安で1週間くらい滞在できる場所をさがしてまして…
これも何かの縁仕事の打ち合わせも兼ねて、内子へGO!
松山空港到着
鈴木さん!
岡田さんの奥さん
美紀江さん
お久しぶりです～!
内子まで車で30分くらい
内子って広い!
この山のあたりも内子町なのよ
霧がすごいですね。日本昔話みたいな風景!!
まずは、「からり」へ内子で作られた野菜や加工品を販売している施設
早く来ないとお目当ての野菜がなくなることもあるのよ
まだ11時なのに!!
大根だけでたくさんありすぎて選べない!!
○○さんのが美味しいわよ
ボソッ
あわあわ

1週間もいるんだから、また明日も買いにくればいいのに…
ついつい、欲張っちゃって
内子産100%素材のジェラート
今回の滞在先はお菓子屋さんの宮瀬さん所有のアパート普段は賃貸用ですが、今回は特別にお借りしました
まだ明るいから、軽く散歩
週末に東京から愛子ちゃんが遊びにくるから、メイン観光は後日ってことで。ちょうど下校時間か
こんにちは!!
こっこんにちは!
びくっ
内子は小学生が挨拶してくれる町だった
ん……次は高校生
消えた!
えっ！神隠し？
家と家の間のほそーい道を歩いてる
いた！
じゃあ私も…
ドキドキ…
おもしろーい
地元の人しか知らない道かもね

野菜が新鮮すぎ!!
ピンポーン
夕飯のおすそわけ
ご近所付き合いってことで
わっ、ありがとうございます
しあわせ～
食に恵まれているのにもほどがある？内子町民の生活がスタートしました
今日はお菓子のイラストの打ち合わせ
喫茶店Cocoroへ
内子のお店で購入してくれたお客さん限定の紙袋を作りたいんです
宮栄商事 宮瀬さん
我が子菓子
玉子せんべい
ウチの二人の息子をモデルにつかっていただけたら…
なるほど、了解です
岡田さんも参加中
こちらの喫茶店Cocoroは奥に畳席もあり、落ち着けます
主人の大西さん
なんと2階が1日1組限定のホテル
素敵！

いつか泊まりたいなー
鈴木さん、ランチはおいしいうどん食べに行かない？
僕、運転しますよ
車を少し走らせただけで、こんなのどかなとこに
わー気持ちいい
五十崎凧博物館に併設されている「山茶花（さざんか）」
かき揚げうどん
和紙のレターセット買いたいんですけど、どこかお店ありますか？
じゃあ、「天神産紙」寄りましょうか
内子の大洲和紙は国が指定している伝統的工芸品
作業中
天神産紙工場に併設されている大洲和紙会館へ
たくさんありすぎて迷う…
次は「りゅうぐう茶や」へ
ここも目の前に川が流れていて、眺めいいですね～
そういえば昔、よく川を『ぞぶった』よな～
ぞぶった、ぞぶった！
あの～『ぞぶった』ってなんですか??
『ぞぶる』っていうのは、川の中を歩くことを言うんよ
だいたい足首の上から太ももくらいまで、かな

内子弁って、抑揚がないのも特徴
例えば、雨と飴、橋と箸
もっと内子弁知りたいです！
ここでミニ内子弁講座！
・「おっぽ」… おんぶする
・「ねき」… 近く
・「おつくばみ」… 正座
・「うさる」… なくす
・「ぼー」… 男の子
・「びー」… 女の子
・「がいな」… すごい
・「みぞい」… 短い
あ、あと内子駅から町中を走ってる『ちゃがまる』ってバスあるでしょ
はい
『ちゃがまる』って壊れるって意味なんよ
大丈夫なんですか!!!
ははははは
方言があるのってうらやましい！
内子弁かわいい
商店街の肉屋さんへ
豚挽肉200グラムください
おつりと、はい、スタンプ
ふれあいスタンプ
愛
UCHIKO
ありがとうございました〜
ふふふ、本当に内子町民になったみたい♪

大根と挽肉の煮込み〜
ピンポーン
はい、夕飯のおすそわけ
よかったら…
わっ！ありがとうございます！
今日の食卓も豪華！また美紀江さんかな？
ピンポーン
NHKですが…
……
内子の生活はとても穏やかに続きます
すみません、テレビないので…
次の日、内子駅
東京からデザイナーの友人、愛子ちゃんが遊びに来た
内子駅
こんにちは〜
こんにちは
おつかれ〜
愛子ちゃんは寝台列車サンライズ瀬戸で児島駅へ
JRに乗り換えて内子駅に到着
サンライズ瀬戸、どうだった？
最初は楽しかったんだけど、すぐ寝ちゃった
僕まだ乗ったことない…
岡田さんが日曜市に連れて行ってくれるって！
毎月月末の日曜日に開催してる手作り市で、地元の野菜とか加工品とかのお店が出るんよ
ちょうどよかった！
松山から来る常連さんもいて、11月が一番規模が大きいんよ
多いときはお客さんが300人！
へー！！楽しみ！！

何買おうか迷っちゃう～
自分でお皿やコップ箸を用意するシステム
巻き寿司
おいなり
おっぱいパン
キムチチャーハン
ポトフ
梅干し
大豆コーヒー
ベジキムチ
くださーい！
内子は県外や県内から農業やりたくて移住してくる人がけっこう多いんよ
とってもいい環境ですものね
内子は本当に自然の恵みがあふれてる！
愛子ちゃんが来るということで、岡田さんと宮瀬さんが特別にホテルを用意してくれました！
Hotel こころ.くら
すてき～
ウチの蔵を改装してホテルにしたんですよ
ROOM2です
うわっ！
すてき～！
ごゆっくり～
ありがとうございました～
壁に和紙が貼ってある！
お風呂
おお～
寝室
おお～

このホテル、建築デザインの仕事してる友達に教えてあげたいな
私も〜
内子で生み出されているモノって、丁寧で優しくてちゃんとしてるなあ
野菜にしても内子の人自身も
その晩は岡田さんと宮瀬さんと宴会「いなほ」へ
宮瀬さんは僕の高校の先輩なんですよ
へー
商工会青年部は、内子町をもっとよくしようと日々頑張っている
来月商店街で、僕たちが企画した百円市があるんですよ
毎月落語家さんを呼んで内子座で寄席を開くことが夢です
若いときに一旦、内子の外に出たとしても、だいたい2代目、3代目は帰ってきて家業を継ぎますね
僕も自分が育ったところで子どもを育てたかった
東京は仕事するところだと思ってる
息子たちに『千葉と内子、どっちがいい?』ってきくと、前は『どっちもいい』って言ってたんだけど、今は『内子がいい』って言ってる
自転車や歩いていける身近な場所で友達といろんなことして遊べるからね
私も内子で育ったら、絶対帰ってくるなあ
ほんと〜？
チュン
チュン
ホテルも素敵だからゆっくりしたいし、でも町も歩きたいし…！
今日は内子の町をご案内しま〜す

商いと暮らし博物館
あ、養命酒だっ
昔の薬品のラベルがかわいい
内子座
大正5年創建!
かっこいい!
個人でも借りることができるんだよ
「Poco a poco」でランチ
おいしい!
内子豚と2種類の味噌のパスタ
内子ランチ情報
・レストランからり・
内子豚のもろみ味噌焼き おいしい!
・下芳賀邸・
野遊び弁当
・片岡食堂・
中華そば
いなり
地元の人が通う店
・りんすけ・
鯛飯がおいしい! 夜ごはんにもOK
青い空と建物のコントラストがきれいだね
本当に晴れて良かった…
雨女撤回?
八日市・護国の町並みエリアへ
木蝋資料館 上芳賀邸
ガイドさんに解説してもらうのがおすすめ
町並保存センター
町並み保存の歴史がわかる
本芳賀家住宅
漆喰を使った鏝絵(こてえ)が見られる
自分に友達におみやげ
大森ろうそく 和ろうそく
おいしい酢卵
森文
猫草
とんぼ玉
坂見輝月堂
栗饅頭
かつ盛
丸寿し

こんにちはっ!!!
ビクッ
こんにちは〜
あ〜 びっくりしたぁ
内子の子って、ちゃんと挨拶してくれるんだよ
文化交流ヴィラ「高橋亭」へ
さっきの小学生たち、すごく素直に育ってる感じ
内子の町が自然とそうさせてくれるのかも
お茶タイム
今日はROOM1に宿泊
ストーブかわいい
ちゃんとこっちでも仕事すすんでるの?
まあね
友達に手紙書いてる
わたし、内子の人たち好きよ。来てよかった
次の日、愛子ちゃんは帰っていった
帰る日も迫ってきたし、本腰入れて内子町民になろう!
コインランドリー
おはようございます
不動産屋へ
50㎡の2LDKで、だいたい4〜6万くらいかな。駐車場1台分ついてて
駅の近くで新しい物件はやっぱり高いね
ほー

古民家みたいな物件はありますか
今、2軒あるね。
4万円
古民家って言っても、屋根がつながってて、一軒家を2つに分けた感じ
数年前に東京の女の子が、ふらっとウチに入ってきて、町家の物件気に入って、そのまま契約しちゃった子がいるよ
いまは徳島にお嫁にいっちゃったけど
へー
内子に住むのなら、やっぱり味のある木造の家がいいなあ…
「内子町図書情報館」は木造建築
うわ〜ぜいたく!
内子町出身の大江健三郎さんのコーナーもあります
文豪も生み出す内子…。内子でクリエイティブな仕事はできるかなあ
というわけで、株式会社りくう和紙デザイナーの佐藤友佳理さんを訪ねました
こんにちはー
こんにちはー
内子町五十崎の手漉き和紙から学び、新しい技法の和紙を用いて和紙照明、インテリア小物を制作・デザインしている
シックハウス等に効果のある「呼吸する和紙」を開発
きれーい
かわいい
内子は作品を制作するのには、とてもいい環境ですよ

和紙があんなふうに変化するなんて…。佐藤さん、これからもっと素敵なものをたくさん生み出してくれそうだなぁ
内子には町営プールがないので、竜王公園内にあるフィットネスクラブ「RYUOW」へ
この坂は…車がないと無理ですね
ふふふ…
ビジターは1回 1050円
あったかい！お風呂みたい
お年寄りが多いけど、みんないきいきしてる
泳いだ後は隣接の「オーベルジュ内子」の温泉へ
最高〜
泳いだ後にすぐに温泉に入れるのはポイント高い
けど、車がないときつい…
気持ちよかった？
は、はい
明日で内子町民も終わりです
最後にゆっくりと町を散歩してみよう
この細い道、曲がってみようかな…

天神さまってここだったんだ
うわ…
あ、中学生男子が来る
よし!
こんにちは~
こんにちは~
やっと自然に言えた!
あいさつ
内子にいるとほっこり温かい気持ちになるなあ
内子っていう地名もかわいいし
ドーン!
ドーン!
よくばって「からり」で野菜とかを大量に購入したら荷物が膨大に増えた…
あわあわ
美紀江さん、車をお願いしたいのですが…
食は大事です!次の都にも美味しいモノがたくさんありますように

春夏秋冬をしっかり・はっきり感じる、

信州真田ゆかりの地
長野県上田市

長野県上田市情報

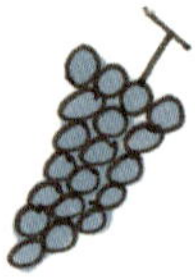

戦国・真田氏のゆかりの地。

信州・長野県東部に位置し、人口は約 16 万人（2010 年国勢調査）。

年の平均気温は約 12℃。りんごをはじめとした果樹栽培が盛んで、

古くは養蚕業、現在は電気機器、自動車部品などの生産が盛ん。

工場などに勤める在日ブラジル人が多く、市のサイトにはポルトガル語版もある。

美ヶ原高原、菅平高原などの観光地にも恵まれ、

春夏秋冬、季節がはっきり味わえる。

選んだ理由

○空気が澄んでいる
○新幹線ですぐ東京に出られる
○素朴で美味しい郷土料理
○山々が美しい
○温泉がある
○上田電鉄別所線がかわいい
○初めてひとり旅をしたところで思い入れが強い

初めて泊まりがけのひとり旅をしたのは、長野県上田市
ポケット時刻表
大学3年生のとき
青春18きっぷを使い、鈍行電車を乗り継いでいった
横川駅から、軽井沢駅まで在来線が走行していた時代…
1泊した次の日、上田駅から上田電鉄別所線に乗り換え、塩田町駅で下車
山道を歩いて、戦没画学生の作品を収蔵、展示している「無言館」へ
自分と同い年くらいの美大生が、出征する直前に描いた絵を見て、ショックを受ける
もっと絵を描きたかっただろうなあ…
絵が上手かろうが、歌が上手かろうが、戦地では関係ないもんね…
キキッ
駅まで乗っていきますか?
えっ…
歩くの大変でしょう
乗った!
どこから来たの?
東京です。夕方に鈍行列車で帰ります
無防備
美術館以外、上田観光をしていてなかった私
他も見どころあるんだから! 車でまわってあげる!
ほんとですか?

上田城公園や生島足島神社に連れて行ってくれた
帰った後、写真を送ったり、何通か文通をしたけれど途切れてしまう
おじさんの顔は忘れてしまったけれど、優しくされたことは覚えている だから上田には、特別な想いがずっと消えないのかもしれません
あれから約15年 今は、東京駅から上田駅まで新幹線あさまで約2時間
大宮からは約1時間35分
あさま〜♥
スキー&スノボの客で溢れてるほぼ軽井沢で降りて、車内はガラガラになる。
わい
わい
わい
満席!
うわっ
上田駅着
ようこそ
寒い!
この凛とした空気、長野独特のような気がするのよね
六文銭だ!
原町
真田氏の家紋
真田氏の恩恵受けまくり
マンホールにまで
UEDA
「池波正太郎　真田太平記館」へ
実はエッセイしか、ちゃんと読んだことないんだけどね
……
……

池波さんが描く絵が好きです
ポストカードを購入
うわー、迷うなあ
ファイルもほしいな…
ストラップとタオルにしようかな
真田グッズ
歴男？
私が尊敬している&憧れている作家さん、池波さん　向田邦子さん　沢木耕太郎さんの旅や食にこだわりがあるところに惹かれるのかも…
甲州屋
レトロな内装
上田カフェ情報
・haruta・
センスのよい雑貨も販売している。ランチもおすすめ
・tarte・
かわいいケーキがたくさん！六文銭ロールもあります
池波正太郎さんも通ったというカレー店「ベンガル」へ
市役所の方？
？
いいえ
わいわい　わいわい　ははは
2階で送別会やってるんですよ
そんな時期ですか～
さっそく、地元の人に間違えられたかな
カレー屋さんで送別会ってなんかいいな
滞在先は「上田第一ホテル」上田市民の生活がスタート
大学生のときに見た上田と違う上田を感じられるかな
チュン
チュン

上田城公園へお散歩♪
すがすがしい空気！
地元の人や観光客がチラホラ
桜の時期はきれいだろうなあ
上田市立博物館
真田昌幸着用具足など見られます
かっこいい
山本鼎記念館
またシルクスクリーンで作品作りたくなってきた
上田城　東虎口櫓門
おおっ
上田城櫓内の展示室
超かっこいい〜
ん……
幸村さま〜
きゃー
きゃー
ウワサの歴女！
真田昌幸、幸村親子が神様の「真田神社」
大きいかぶと！
いい原稿が書けますように…
「観光物産館」へ上田のお土産、真田グッズがたくさん揃っています
上田は歴史好きの人が住んだら、すごく楽しいかもね
味噌ジェラート
え〜迷っちゃう
ハンドタオルもほし〜い
また…

常に山が見える町っていいな
うーん、でも長野って海がないんだよね～
旧北国街道　柳町の通りへ
懐かしい雰囲気
「ルヴァン信州上田店」でランチ
古民家で味わえる天然酵母パン
おいしー
上田ランチ情報
•福昇亭•
大評判の五目焼そば
•TRATTORIA nonno•
イタリア・南欧料理
旬の素材を使ったパスタがおいしい
なんかのんびりと本が読みたいな～
図書館チェックしよう
上田駅近くの若菜館ビル3階
「小宮山量平編集室」
個人の方の事務所？
大丈夫かな…
図書館みたいなんだけど…
どうぞ
うわ……
『ぼくは王さま』シリーズだ！
まさに私の原点…!!

こちらは理論社を創設した編集者・小宮山量平さんが、ふるさとの上田につくった「編集者の部屋」
1500冊の本や貴重な資料を手に取って見ることができる
おお！
作家さんの手書きの原稿など、貴重なものがたくさんありますね
多くの人に見て欲しい、と父が
小宮山さんの娘さん、荒井きぬ枝さん→
体調のいい日は、こちらで過ごすこともあるんですよ
お会いしたかった…
子どもの頃、父が編集を手がけていた児童書は、一番初めに読むことができました
うらやましいです
小宮山さんは書き手を尊重して、長所を引き出して、丁寧に本を作っていたような気がする
今は使い捨てっぽい本が多いような気がするなあ…
小宮山さんが手がけた本は今も変わらず愛読されてる
上田駅前ビル「パレオ」4階「上田情報ライブラリー」へ
駅の近くにあって便利。待ち合わせにもよさそう
平日は20時30分まで開館しているので、学校帰りや会社帰りに利用する人も多い
喫茶スペースもある
再び若菜館ビル2階へ「鰻　若菜館」へ
ウナギ！
ウナギ！

あ！
あら、また！
このお店は、母の実家なんです
そうなんですか～
うな重
わたし、絵本よりも『ぼくは王さま』みたいな童話が書きたいのかもしれないないな
なんだか不思議な縁を感じた日　上田のこともどんどん気になっていきます
上田って実際のとこ、住みやすいのかなあ
不動産屋へ
2LDKで、上田駅から歩いて15分以内の物件は…
平均7万5000円ですね。築10年以内で8万円前後くらい
10万以上の物件もあります
意外と上田って家賃高いんですよ。長野市とあまり変わりませんね
諏訪、松本はちょっと高め
上田駅周辺ざっくり地図
柳町
ツルヤ
旧北国街道
上田城跡公園
坂
天神・常田
イオン
上田電鉄別所線
上田駅
上田のどのあたりが住みやすいですか？
天神や常田のあたりがおすすめです。車使わないってことでしたら、平地でスーパーが近いと便利ですし
駅からまっすぐの道って坂なんですよ

バスが通っていない地区もあるので、注意した方がいいですね
地元の方はあんまりバスに乗らないんですか？
バスにも電車にもあまり乗らないですね。車か自転車で移動します
僕は東京に行くときも車が多いかな
東京に通勤してる人もいるみたいですよ
通える距離ですよね～
上田駅
別所線は運行本数が結構多い
別所温泉
本郷
車を使わず、家賃抑えたいなら、別所線の本郷のあたりも便利です。ショッピングセンターができて
上田は住みやすいですか？
住みやすいですよ。四季がはっきりしているところがいい。まあ、夏はそれなりに暑いですが不快な暑さではないし、冬は寒いけど、雪が少ないし
僕はずっと上田育ちです
春なのに、今日は寒いですよね～
今日はだいぶあたたかいですよ
キッパリ
これであったかいのか～。体感温度が違うのかも
なんか小腹が空いた
おやつ情報 上田にはちょこっとつまめるおやつがたくさん
飯島商店
みすゞ飴
玉喜屋
くるみたっぷり「くるみ野」
やまざきや
地元産の米粉を使ったお団子
玉井フルーツ店
ドライフルーツ種類たくさん！
じまん焼き
あんこ と クリーム
できたてホヤホヤ
エトワール
くるみの王様
くるみフィナンシェ

上田駅前からバスで約30分「ふれあいさなだ館」へ
なんと大人1回500円で温泉プールと温泉の利用が可能
スタンプカード
渋い!
十文帳
プールが温泉なんて、初めて〜♪
しかも、山を眺めながら泳げるなんて贅沢…
雲が流れてる…
次は温泉!
プール→温泉って、素晴らしい流れよね
内子のときも思ったけど
お風呂上がりにおやき❤
もうすぐバスの時間!
はっ
ローカルなバスに揺られるのは楽しいけど、実際に住んだら車は不可欠だろうなあ…
次の日は別所線でお出かけ塩田平の美術館めぐりです
ん……

窓が絵みたい。山の稜線て、こんなに繊細で複雑なんだ
「無言館」へ
……
私は作者達よりもだいぶ年上になってしまったなあ……
歩いて「信濃デッサン館」方面へ
別館の「槐多庵」で、ちょうど池田満寿夫さんの展示をしていた
やっぱり生まれたところや育ったところの影響って、作品に反映されるのかな
私はどうなんだろう
塩田町駅まで歩く
見覚えのある道…
おじさんにばったり会わないかな。でもお互いトシとってわからないか…
今回は誰も拾ってくれなかった
ははははは
今日は、「竹風堂」の栗おこわがあるから、ホテルで夕飯
なんかおかず買おうかな
スーパーチェック
3mくらい
きのこがたくさん！さすが長野

味噌の種類もたくさん。
お米もほぼ信州産。
地酒の種類も豊富
ホテルのまわりにもこんなお店
・松尾町フードサロン・
弁当、総菜、パン、野菜など販売している。イートインスペースもあり。
・但馬軒・お肉屋さん
コロッケ
メンチカツバーガー
おいしい
栗おこわ
コロッケ
飯島商店の三宝柑ゼリー
帰る前に、上田紬の「藤本つむぎ工房へ」
工房とショップがあります
こんにちは～
同じ柄、同じ色に見えても微妙に違う！
激しく迷ってやっと購入
どちらからいらしたの？
神奈川の三浦半島から来ました
上田もいいところでしょ。また、いらしてくださいね
私も前三浦半島の三崎に行きましたよ
日本全国旅してるけど、やっぱり長野の山の稜線は特別繊細な気がするなあ。
接した人たちも、上田紬にしても、味噌、蕎麦、お菓子…慎ましやかで、凛として上品そして、素朴で芯が強いそんな感じ

上田に住んだら四季を感じながら、細やかな作品を作れそう
心が透明になって気が引き締まる
やっぱり上田は、私にとっていろいろなことを気づかせてくれる、原点に戻れる場所かもしれない
自分の単行本が出せるなんて、15年前の自分は想像できなかっただろうなあ
帰宅して数日後
そろそろ上田の原稿まとめなくちゃ…
ふぁぁ…
うそ！
訃報欄に小宮山量平さんが亡くなったとの記事が載っていた
そんな…
編集室のパンフレットで、小宮山さんの印象的な言葉『私の居なくなった後も、楽しく面白く続けられたら良いでしょうね』
私が居なくなっても、私が書いた本って残るんだなあ…永遠に読まれる本を残したい
この本大好き
本って著者の名前って見るけど、編集者の名前って見ないよね
掲載されていないときもあるし
でも実は、書き手を発掘したり、育てたりしてくれる重要な存在なんだよね
感謝して、ちゃんと原稿書こう！
ハクション！
カゼですか？
いい作品を生み出せる環境は需要！次の都はいかに？
担当編集山本さん→

電車のお姉さん

数年前、友人と鳥取を旅行中、男子大学生3人組と知り合いました。話を聞けば、東北から「青春18きっぷ」で鈍行電車の旅をしているとか。ああ、懐かしい。私もポケット時刻表片手によく同じことしてたわと思っていると、携帯電話を取り出して、何やら調べ始める一人の男子。

「○○分発の電車、乗ろうぜ!」

え、もしかして……!

「ネットで、電車の乗り換えを検索してますか?」という私の問いに元気よく「はい!」と答える男子たち。時代は変わったと思いました。軽いカルチャーショック。旅が進むにつれ、ポケット時刻表が全体的にクタッとなり、ページの端にめくり癖がついて、味が出てくる感じがいいのに……。まあ、ディテールは置いといて、紙の時刻表の方が効率的に電車の旅を楽しめると思うのです。一気に数本の電車時刻を見渡せるし、始発や終着駅によって混雑状況が予想できます。車両編数や種類もわかるので、乗りたい電車を選ぶことが可能です。特にひとり旅で長距離乗車の場合、トイレのタイミン

グは重要！　乗車した電車にトイレが付いていたとしても、座席に荷物を置いていくことは危険ですし、混雑時は荷物を持って席を立つと席がなくなります。ですので、私はトイレ休憩を考えた乗り換えをしていました。あと、意外と重要なのが駅弁を食べる環境。「地方のローカル線はボックス席」という先入観があると、がっかりすることがあります。さすがに通勤型のクロスシートで、お弁当を食べるのは避けたいですね。乗車する電車を確認してから購入するのもいいし、青春18きっぷであれば乗り降り自由ですから、駅前の適当な飲食店に入ってみるのもおすすめ。

　気がつけば私も大人になり（?）、遠方の移動には航空機や新幹線を利用することが普通となりました。一気に移動して、そこからローカル線や路面電車の旅を楽しむのもいいものです。移り変わる車窓を眺めながら、のんびりと過ごすのは、この先もやめられそうもありません。その車内に、時刻表片手にひとり旅をしている女の子がいたとしたら、過去の自分を重ね合わせてしまうでしょう。電車の旅はいろんなことを教えてくれるし、思いがけない出会いがある。楽しい旅もあれば、過酷でハプニング満載の旅もありました。それらが私を少しは成長させてくれたのではないでしょうか。

　今現在は、友人の息子さんに「電車のお姉さん」と呼ばれている私です。

牧水の生まれた街は、

南国宮崎の北の玄関口宮崎県日向市

宮崎県日向市情報

九州の南東、宮崎県の北東部に位置する人口約６万２千人（2012年４月現在）の街。
日向灘に面して、温暖な気候に恵まれている。
細島港という天然の良港に恵まれ、市の東側にある海岸は日豊海岸国定公園に指定され、
馬ヶ背という柱状節理の断崖が有名で、美しいリアス式海岸が望める。
県内有数の工業地帯としても知られるが、
南国・宮崎のイメージ通り、日照時間は全国でもトップクラス。
若山牧水生誕の街としても知られ、夏の「日向ひょっとこ夏祭り」は風物詩。

選んだ理由

○のんびりしている
○神武天皇御船出の伝説が残る日向の地
○日向夏、ちりめんじゃこなどがおいしい
○県全体がパワースポットっぽい
○人々が優しい

約7年前、日向市の美々津を訪れたときのことを書いた紀行文が「JTB交流文化賞」で優秀賞を受賞
おめでとう
それから、何度か訪れ、人々との交流が続いています第2の故郷みたいに、ほっとする場所になりました
それならば、住んでみたらどんな感じ？ということで宮崎へ
宮崎空港に着いて、この椰子の木見るとほっとする〜
南国〜
↗正確には「ワシントニアパーム」
宮崎空港は駅とつながっているので便利宮崎空港線に乗車
あ、海！
昨年美々津で知り合った大野さん一家と合流
こんにちは〜
剛さん
慧さん
隆子さん
お久しぶりです〜
米ノ山行きましょう
晴れてよかったわねー
ホント！
わー、海がキラキラしてる！
空と海のグラデーションがきれいすぎ！
この下がパラグライダーの滑走地になっているんですよ

ホント、きれいでしたね～
宮崎はのんびりしてていいわよ
僕は、東京に行くとパワーをもらうんです。頑張ってる人が多いから
また行きたいな
東京に住んで、たまに日向に行くのと、日向に住んで、たまに東京に行くのでは、また違うんだろうなー
次は大御神社へ「日向のお伊勢さま」と言われてます
日本最大級のさざれ石もあります
短い間ですが、日向市民となって過ごし、よい原稿が書けますように
パンパン
道の駅「日向」へ
うわー、たくさんおいしそうなものが！
買ったもの
椎葉自然水
ピーナツパン
レモングラス茶
きんかん「たまたま」
椎茸かりんと
しいたけ
芋かりんと
乾燥しいたけ
滞在先は、民宿「船待」
お世話になります
ようこそー
ご主人
おかみさん
部屋の目の前は海!!
すごい…きれい…
海はいろんなことを教えてくれるんですよ
お食事とお風呂、何時にしましょうか
あー、えーと…
どうしよう

まあ、ゆっくりしてください。日向には日向時間っていうのがありますからね
沖縄時間と似たようなものです
へー
夕食 海の幸満載ボリュームたっぷり
豪華！
野菜はね、主人が小さな畑で育ててるんですよ
なんか落ち着く…
ザザ…ザザ…
波の音をききながら、おやすみなさい。日向市民生活が始まりました
うわー、朝の海もきれい
ウグイスの声で自然に目が覚めたわ
ホーホケキョ
朝食後、近所を散歩
うわっ！日差しが明らかに関東より強い！
帽子かりてきてよかった
民宿のすぐ近くの『権現崎公園』「権現崎の照葉樹林」は県指定天然記念物
わー、気持ちいい
しばらく歩くと…
海！
昔は対岸の美々津まで、渡し船があったのよね。今もあればいいのにな
「美々津大橋」ができてなくなったらしい

若山 牧水の歌碑
牧水の心をゆさぶった、この景色…。日向の地…
湊柱神社で
しばらく日向市民になります。牧水さんにあやかって、いい原稿が書けますように
パンパン
実際に住むとしたら、現実的に考えて日向市駅周辺かなあ
駅のまわりをチェックしてみよう
日向サ
宮崎
宮崎交通バ
…と言っても、バスの本数少なすぎ…
船待の息子さんに日向市駅まで車で送っていただく
宮崎って何もないですよね。海くらいしか
そんなことないですよー 食べ物もおいしいし、宮崎弁も優しくて大好き
洋服買いに行くのは、どちらですか?
日向市内、延岡市へ出かける人が多いみたいですね〜
ちょっと遠くに買い物に行くこともあるんですか?
はい、車で熊本まで行くこともありますよ
お店たくさんありますもんね PARCOも
九州って、県境をあんまり感じないというか、気軽に行き来できる感じがいいな
日向市駅は、鉄道デザインの国際デザインコンペティション「ブルネル賞」で、建築部門の最優秀賞を受賞
かっこいい!
日向市駅

駅併設の「まちの駅とみたか物産店」
日向市の物産がたくさん
いろんなお店のチーズ饅頭が売ってる
何食べようかな〜
中心市街地マップをゲット
「不二かつ」へ
おいしすぎ!! ハーフじゃなくて、普通にすればよかった…
ひれかつハーフ定食
ひむかケルプ豚使用
日向市飲食店情報
・NAP CAFE・
雑貨屋さんみたいな雰囲気のカフェ
ベーグルもおすすめ
・天領うどん・
おでんもあります
にゅうめんとうどんの間くらいの食感
おつゆがおいしい
・comfort cafe&bar BUCKAYRO・
サイフォンで淹れてくれるコーヒーが美味!
ガトーショコラ
フレンチトースト
「スーパーながのや」チェック
宮崎の野菜が豊富
宮崎はもちろん長崎の方からもきてる
魚も超充実
図書館へ
やっぱり神話関係が充実してるわ
宮崎&日向コーナー
神話
日向の
神々のふるさと
日向の国
ひむか
お舟出伝説
美々津
もしかしたら私、神様によばれてるのかもしれない…
日向の神々
しかし…
シルバーゾーンの標識かわいい

自家用車の多いこと……
免許無しで暮らせるかしら？
不動産屋へ
2LDKで日向市駅から徒歩15分以内ですと…
うーん、50㎡くらいで、4万8000〜6万円くらいかな
築浅の物件は5万5000円から
やっぱり駐車場は、ほとんどついてますよね
2LDKだったら2台分ついてるね
2台分も！
1K、1Rは3万5000〜4万円くらいで、駐車場は1台分ついてます
海→
大王谷運動公園
国道10号
ロックタウン
塩見川
サウスタウン
←山
スーパーや商店、飲食店集まっている
日向市駅
財光寺駅
塩見川から、駅側が住みやすいんじゃないでしょうか
JUSCOがあるロックタウン、ショッピングセンターのあるサウスタウンの近くも買い物が便利ですよ
平地が多い！
日向市駅の右が海、左が山
海があって平地ってことは…地震で津波が来たらどうなりますか？
地震の規模によりますけど、ざっとまるかぶりになる可能性もありますね
!!!
埋め立て地はないけどね、ここら辺まで海からだいたい2㎞で、海抜4〜5m
大王谷運動公園あたりは海抜30mですけどね
map

それはおいといて…
日向市は住みやすいですか?
温かくて穏やかな気候で、住みやすいですね〜
民宿までバスで戻る
やっぱり…
本数少ないなあ
買い物でバス使う人もいるみたい
海だ…
なんか雰囲気が、三浦半島と似てる。だから落ち着くし、日向が好きなのかもしれないな
さあ、仕事するか
海を眺めながら原稿書くなんて、文豪みたい!!!
あれ?
ネットが通じない!!!
WiFi →
メールチェックできないよ〜
RRRR…
あ、鈴木さん?次の打ち合せの件なんだけど…
編集者
わたし今、宮崎県の日向市にいるんですよ〜

いいね！僕もサーフィンで金ヶ浜に行ったことありますよ。いい波がくるのよ
金ヶ浜は、九州屈指のサーフ・ポイント。全国各地からビッグウエーブを求めて、サーファーが集まる
日向市は、海と山と川に囲まれて、本当に恵まれたところだと思うのよね
元日向市役所にお勤めの谷村さんとお食事
海と一緒に育ってきたから、海のない生活なんて考えられない
私も今、海の近くに住んでいるのでわかります～
5年ぶりの再会
伊勢エビでーす！
動いてる!!!
紫外線や日焼けが心配だけど…
それ重要ですよ、書きますよ
本にはいいことだけ書いてね
私、雪なんて見たことない。同じ九州でも、熊本と鹿児島はけっこう降るのよね
寒がりにはいい土地ですね！
やっぱり車がないと住みにくいですか？
そうね…。でも、少しの用事でも車で行ってしまって、全然歩かないのよ。そのかわり、ウォーキングとかしてて、意味ないわよね
日向はのんびりしてていいわ。子ども育てるには、最高にいいところよ
確かに、のびのびと子育てできそうだなあ
おいし♥
味噌汁になった伊勢エビ

次の日、対岸の美々津地区へ
渡し船復活しないですかねぇ
宮崎県指定無形文化財の「美々津手漉き和紙」佐々木寛治郎さんの工房へ
1年ぶり
こんにちは〜
「美々津手漉き和紙」石並川の清流を利用して作られる県伝統工芸品
美々津の小学校の卒業証書は佐々木さんの手漉き和紙!
うちの子どもたちも紙を漉かせてもらったことがあるんですよ
へ〜
今年は寒かったから、作業が遅れちょるとよ
和紙の原料となる楮(こうぞ)を煮てる
パシャ
佐々木さん夫婦の元気な姿を見るとほっとする。そして、レターセットを購入するのが恒例の行事となっている私。
美々津伝統的建造物群保存地区へ。神武天皇の御船出伝説が残っています
いつ来ても落ち着く町
こんにちは〜
こんにちは〜
立磐神社にお参り
いい原稿が書けますように…
神頼みしすぎ
ドンドンドンドン

太鼓の音だ。お祭り??
そうにも見えないけど…
美々津飲食店情報
食事と雑貨のお買い物が楽しめる古民家カフェ
民
美々津ちりめんを使った和風パスタ
理庵
京風蒸し寿司
佐藤さん!
あら!
佐藤久恵さん
「美々津軒」は明治時代前半の建築とされる2階建ての町家
さっき、港で太鼓たたいていたのはお祭りですか?
津波用の堤防ができるから、工事の人と地元の子どもが交流しちょった
あんただったの写真撮ってたの
地震こわいですね、津波も
どうにもならない。その人の運よ。毎日、その日その日をしっかり生きていけばいい
震災の影響で、九州に友達家族が何組も引っ越して、焦るんですよ。自分の将来もこの先の日本もどうなっていくのか不安で、どこに住んだらいいのかもわからなくて・・
私は美々津がいい。生まれ育った町だから
わたし、自分が育った町に戻りたいとは思わないんです
昔遊んでいた広場も原っぱもなくなってしまったし…
まだ若いから、そう思うのよ
宮崎はのんびりしてていいわ ここに来る人は、ぼーっとしたい人ばかり。最近はパソコンに向かって疲れてる人多いのよ
どこでも住めば都になるっちゃが

「日向サンパーク温泉　お舟出の湯」
……
『どこでも住めば都になるっちゃが』かぁまさにこの本のテーマ…
今日はちょっと波が強いわね
ホント
このあたりに住んでいる人は、毎日海を見て過ごすのが当たり前なんだろうなぁ きっと、都なんだろうなぁ
朝起きて、一番に海をチェックするようになった
今日はきのうと波の動きが違うなー
今日は谷村さんとドライブ細島へ
このあたりは、漁師さんが多いのよ
へー
「細島みなと資料館」木造3階建ての建物は、日本で2つだけ。そのうちのひとつ
立派！
鉾島神社
きれい
ちょうど桜が満開のいい時期に宮崎に来たわね〜
港を見下ろす
わー、いい感じ

日向市市役所　市長室へ
黒木健二市長と再会
久しぶり
ご無沙汰してます!
市長選挙を終えたばかりで、3期目を迎えた黒木市長
日向市のいいところを教えてください!
人口が増えるかもしれませんよ
いいことだけ書いてね
これから細島は面白くなりそうだね。日南の飫肥《おび》藩も細島の港を使って大阪に行ってたんですよ
さっき行ってきました!
坪谷の方に若山牧水の生家や記念文学館があって、全国から牧水ファンが訪れます
知の地域作りをしています
歌碑をいくつか見かけました
牧水
日向市でしかとれない『へべす』は、癌の細胞を抑制したり、肝臓の機能を高めるんですよ
おいしいですよね。すだちやかぼすよりも使い勝手がいいです
焼酎に入れて飲むと美味しいんだよね。2杯のとこを4~5杯飲めちゃう
へべすポン酢などの加工品もあります
ははははは
そして、忘れちゃいけないのが「ひょっとこ踊り」毎年8月の第一金曜土曜に開催される「ひょっとこ祭り」には全国からたくさんの人が踊りに来る!
ユーモアでちょっとセクシーな踊り
ナマで見てみたい!
東日本大震災の被災地で、ひょっとこ踊りを披露しましたら、「6か月ぶりに心の底から笑った」と被災者の方が喜んでくれたというお話もありますね
老人ホームに行っても喜ばれます
日向は雪が降らない穏やかな気候ですし、子育てにはいい地域ですよ
ありがとうございました

じゃあ、民宿戻りましょうか
あ！駅の近くとかでメールチェックさせてください
あ、通じた！
大変ねえ
てげてげ運転追放運動実施中
てげてげってどういう意味ですか？
適当とか、ほどほどってことかしらね
船待で
あれれ?? あ、ついた
TV
ピッ ピッ
そういうのを宮崎弁で『でいじゃ』って言うんですよ
大変だっていう意味
しんどいとか、したくないとき『よだきい』って言います
気分がのらないときに何かするときにも
高千穂出身
美々津出身
優しさが滲み出てるご主人と、おちゃめなおかみさんは羨ましいくらい仲良し
パシャッ
こちらまで幸せな気分
次の日
ザッパーン
ザッパーン
海がたまに荒れないと、魚がとれないんですよ
うわ……黒い
この数日間、海にも日向の人にも、いろんなこと教えてもらったなあ
文豪、原稿執筆します！

まあ、ネットが通じないから、原稿が進むといえば進むよね
ネットサーフィンの旅に出られないし
もう少しで書き終わる…
カタカタ
終わった！
ピカッ
わー！晴れてる！
キラ
キラ
パシャッ
民宿
船待
お世話になりました
宮崎は向かい合ってくれる人の顔がみんな優しい
体の芯から明るくなってほぐれる感じ海も緑も空も裏表がなく鮮やかなのに優しい
日向に住んだら、せっかちな私はのんびり穏やかになれるかしら
仕事しなくなりそう……
次は、緩んだ(?)体を一気に引き締める、北の都へ向かいます

北の大地の空気と食で、

爽やか美人に変身できちゃうかも!?

北海道札幌市

北海道札幌市情報

北海道の中心都市で、道庁所在地。
人口は約 190 万人（2011 年 12 月）で、全国の市の中で 4 番目に多い。
計画都市として碁盤の目に開発されており、1972 年の札幌オリンピックを機に観光都市としても世界的に有名に。年の平均気温は 8 ～ 9℃で、梅雨がない。
道内の農作物・魚介類等の集積地という利点を生かし、食品加工業が発達。
また、豊かな自然を生かし、観光業も盛んで、
毎年 2 月初旬に行われる「さっぽろ雪まつり」には多くの観光客が訪れる。
北海道は食料自給率が日本一。農業・畜産業だけでなく、水産業も盛んで、
じゃがいも 、たまねぎ、かぼちゃをはじめ、バター、鮭、ホタテ、サンマなど、
生産量日本一を挙げれば枚挙に暇がない。

選んだ理由

○夏涼しそう
○公園が多い
○おいしいスープカレーがある
○路面電車と地下鉄がある
○本屋さん、喫茶店が多い

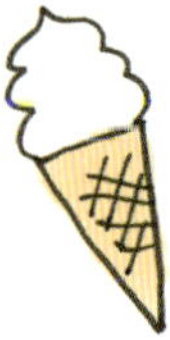

北の大地、北海道。その中にいると、自分がちっぽけに思えてきます
♪あ～あ～ ああ あああ～
ポツン
札幌には縁があって何度か訪れています
路面電車の取材 SAPPORO CITY JAZZ 単行本の営業 家族旅行など
訪れる度に、お気に入りの店が増えていく町
北海道に住むのなら、札幌だなー
札幌に住んだら、どんな生活？ってことで新千歳空港へビュン！
札幌駅までJR快速エアポートで36分
家にハシゴがついてる
札幌駅到着
さっそくスープカレー食べたいな
すすきの「Suage+（すあげプラス）」
おいしー
パリパリ知床鶏と野菜カレー トッピングもいろいろあります
毎日、カレーでもいいなー。それかウナギ
極端→
札幌駅まで歩いてみよう
道が広くて気持ちがいい～
あ、さっぽろテレビ塔

明らかに一人あたりの面積が広いよね
「札幌駅どさんこプラザ札幌店」へ
北海道の食品がたくさん！
夕飯何にしようかな〜
地下鉄で北18条駅へ
重い…
ずしっ
滞在先は「ホテル サッポロ メッツ」
まど
TV
洗濯機と乾燥機が部屋の中にあるのが嬉しい！
部屋の中があったかい
北欧みたいだなー
北海道も食材が豊富だけど、フルーツがあまりない感じかな
おいしー
豚丼作った
札幌市民生活がスタートしました
北海道大学をお散歩♪

ひろーい
自転車に乗って移動する生徒たち
学生に見えるかな。無理か、大学院生？
キラ キラ
……
教授か…保護者か…
キャッ キャッ
……
北海道大学総合博物館 400万点にものぼる標本と資料が収蔵されている
2階へもどうぞ
うわっ！
売店には北大グッズも売っています
北海道大学ノート
College
「北海道大学樹木図譜」ポストカードを購入
「レストラン エルム」へ
学生は学食に行ってるみたいね
またカレー食べてる
↓
クラークカレー
近所に住んで、北大を庭にするのも素敵ね

北大のまわりは、学生向けの賃貸物件も多いです
○○不動産
1LDKで4万5000円～6万円くらいってとこかしら
ちょっと涼しくなってきたなあ
ホテル戻って仕事するか～
ん…
生足!!
わたし、タイツはいてストールしてるのに
ははははは
首&胸元全開!!
!!!
体感温度が違うのかしら……
とは言うものの、札幌も少しずつ春らしくなってきているようです
今日は円山公園方面へ
桜咲いてるかなあ
大通駅で乗り換え円山公園駅へ
やっぱり地下鉄は便利ね

円山公園
まだ緑が少ない……
花見期間中は、4月28日から5月13日まで…。桜まだまだってこと!?
円山公園花見期間中ご利用について
公園内での
※満開はGW明けだそうです
関東はとっくに散ったのに…
「北海道神宮」へ向かう
きもちいい～
……
パシャー
パシャ
パシャ
台湾の方かな？アジア系のツアーが多いみたい
っていうか日本人少なくない？
短い間ですが札幌市民となり、いい原稿が書けますように
パンパン
なんか、日本というより海外みたい
ピクニックをしている人たち
住むのだったら、円山公園周辺がいいかも
あ、不動産屋さん
円山公園の近くの物件情報を知りたいのですが……
2LDKは7～8万円くらいですね。駐車場は別で1万～1万5000円
このあたりは宮ノ森といって、環境がよくてファミリーに人気です

札幌駅周辺ざっくり地図
北海道大学
地下鉄南北線
地下鉄東豊線
札幌駅
地下鉄東西線
北大植物園
大通公園
円山公園
市電
すすきの
中島公園
藻岩山
新千歳空港
北海道のおうちって、窓ガラスが二重になっているんですね
そうですね、特に北向きは絶対に二重になってますね
二重になっていない場合でも2枚ガラスです
あと、本州にエアコンがついているみたいに、だいたいの賃貸にストーブがついてますよ
エアコンつけても1か月くらいですしね
ストーブ!?
本州って、家から出られないくらい暑くなる日もあるんですよね？
はい、とけそうになりますよ
信じられないです
寒い方がいいです
そのかわり冬はやっぱり寒いですよねぇ
そうですね。雪は12月〜4月くらいまで降って、1〜3月は積もりますね
あ、そうそう、本州から引っ越されるのなら駅から徒歩5分以内がよいですよ
？
なぜですか??
?
例えば徒歩10分だと、雪が降ると20分くらいかかってしまいますよ
なるほど……
ひー
札幌は住みやすいですか？
雪が嫌じゃなければ、住みやすいですよ。私はずっと札幌に住んでいます

カフェ「青い空
流れる雲」
マクロビオティックのお店
おいしいヘルシー
デザートもおいしい
ベジセット
札幌ランチ情報
・さくら邸・
北24条駅近くの隠れ家カフェ
・五丈原・
とんしお
チャーシューおにぎりもおすすめ
・pipin・
雑貨も取り扱っています
しっかりご飯を食べたいならここ
札幌の町の道って、碁盤の目みたいに規則正しいから、方向音痴の人にはいいかも
北1西19
北海道立近代美術館へ
カフェでお茶しながら手紙でも書こうかな
札幌カフェ情報
・苺食館・
入り口の大きな苺が目印
石造りの壁でレトロな店内
・CAFÉ RANBAN・
落ち着いた雰囲気のカフェ
自家焙煎のコーヒーとケーキがおいしい
・ろいず珈琲館 旧小熊邸・
シナモントースト
藻岩山のふもとにある素敵な建物のカフェ
・きのとやカフェ・
モーニングもやってます
落ち着く…
「カエルヤ珈琲店」
カエルグッズもあります
チャイ→

札幌に住んだら、こんな休日になりそう
朝起きて、公園を散歩
優雅にランチ
美術館や図書館に行った後
カフェで本を読みながらコーヒーを
夜は友達とスープカレー
素敵！
バスに乗って温水プールへ。
ホントだ、どの家も窓が二重になってる
ドアの前にもまたドアがあったり…
東温水プール
一般の当日券が580円！
今までダントツに高い
札幌は寒いから、水をあたためるのに電気代がかかるからかなあ
冷たい!! やっぱり体感温度が違うのかしら
ひょえー
みんな明らかに私よりも薄着だし
薄めのカーディガンとか
しっかりコート
札幌って町がきれいだし、湿気がなくてカラッとしてて、風通しがいい感じ
仕事もすすむような気がするわ

仕事も進みつつも、美味しいモノにも手が伸びます
おいし
benbeya 札幌トマトフロマージュ
次の日　札幌市電沿線をウロウロ
かわいー
「中央図書館」へ
北海道の雑誌ってけっこう多いのね
美味しそうなお店がたくさん。食にはホント恵まれてるわ
食料自給率全国1位だしね
中島公園
わー、ここも北欧みたい
大通公園をはじめ、公園が多くて羨ましい。みんなそれぞれお気に入りの公園があるのかな
「北海道立文学館」へ
札幌に住んだら、雪の季節は家に籠もって執筆するのもいいかも
特に大通駅からすすきの駅にお店が集中しています
狸小路へ
にぎわってる
「道産食材HUG」良質の北海道食材を売ってます
すごい、じゃがいもだけでこんなに種類がある！

「飲食ストリート」も充実
Sweets Please Hokkaidoのエクレア
クリームたっぷり♡
羨ましいポイント満載の札幌 札幌人のナマの声をきいてみることに
地下鉄が土日祝乗り放題
ドニチカ切符 500円
札幌にある某広告会社にお勤めの河崎さんと樋田さん
札幌美人 モデルさんみたい
こんにちは〜
おいしー
「スープカレー SOUL STORE」パリパリ揚げゴボウと鶏団子のカリー
札幌って、スープカレー屋さんたくさんありますよね〜
ひとり暮らしで野菜がたくさん摂れるから、スープカレーはいいですよ。 私は飲んだ後のシメにすることも多いです
ご飯は食べずに
お休みの日はどんな感じに過ごします？
札幌駅のあたりでお買い物したり、お茶したりすることが多いかなあ
ちょっと足をのばせば、定山渓温泉もあるし…
車の免許持ってなくても、札幌なら暮らせますよ。遠くに行きたいときは友達の車に乗っちゃう
ホントですか〜！
キラキラ
わたし持ってません
おととい、東温水プールで泳いだんですけど、水が冷たくてびっくりしました
札幌って小学校まではプールがあるけど、中学校にはほとんどないんですよ
入れる時期が短いですしね
そのかわり、冬は校庭に雪山を作ってスキーをするんですよ
スキー板を担いで登校するのが、大変で
へ〜

釧路とか帯広はスケートするみたいです
苫小牧はアイスホッケー
すごい！
カフェ「そらいろのたね」に移動
ちょっと行きたいカフェがあって
私たちよりも札幌のカフェ知ってますね
身長差ありすぎ
あのー、関東ってゴキブリいるんですか？
どれくらいの大きさなんですか？色は？
いますよ。茶色っぽいのと黒いのがいますね
見たことないです
大きさはこれくらいかな
夏とか窓を開けてると外から飛んで入ってくることもありますね
えー！信じられない
きゃー！！
きゃー！！
こっちはモスラみたいな蛾が多いですね
カメムシも多くて窓に張りついてたりしてびっくり
怖い！
蛾嫌い
あとは、雪が降る前に発生する『ユキムシ』がいますね
服に油の跡をつけるのが難点ですが
へー
キツネにエサをあげないようにっていう看板を見かけました
フワフワしたかわいいキツネ、出ますよ
タヌキもよく出ますね
この前、ウチの近所に熊が出て……
藻岩山の方の住宅街にも出たって聞いた
ひー！
東京に来ることもあるんですか？
私は東京に行ったら、浅草によく行きます
私は、上野と六本木
動物園と美術館→
おいしい♡

山手線から出ない感じですね
電車がよくわからなくて
私、本州の暑さダメでした…。寒い方がいい
東京はたまに遊びに行くくらいでちょうどいいです
将来は札幌で子育てしたいですね～
いま東京で働いている友達も、いずれは戻って札幌で子育てしたいって子が多いです
札幌って住みやすそう
札幌に住んだら、私も爽やか美人になれるかしら
背も伸びる?
最後のお散歩に選んだのは「北大植物園」
ここ、好きなのよね
清々しい空気
ホント北欧みたい
札幌は、町の広さや賑やかさもちょうどいいなあ。公園散歩して気分転換できるし
カフェでコーヒー飲みながら原稿書いたり……
すてき
でも…、普段も家に引き籠もって仕事してるから、寒いとますます家から出なくなるかも
家でぬくぬく
それは危険
都さがしもひとまずおしまい
さて、本当の都はいずこ?

翼はさそう！

私が初めて飛行機に乗ったのは、20代半ば、親友との沖縄旅行でした。「飛行機に乗るときは、靴を脱いで乗るんだよ」とだまされながら、わくわくして羽田空港へ。ちょうど台風シーズンで、飛行機が揺れること、揺れること。荒天のため那覇空港から石垣島空港へのフライトが欠航となり、予定が狂いまくり、散々な初フライトの思い出でした。その後、飛行機とは縁ができ、個人的な旅行や仕事の取材で、月平均3～4回は利用することになりました。初期は遠足に行く子どもみたいに浮き足立っていましたが、慣れてくると電車に乗るみたいな感覚に。それでも空港の独特の雰囲気が大好きで、毎回楽しむようにしています。出発前少し早めに行って、朝の光の中、離着陸する飛行機を眺めながら珈琲を飲む至福の時間。旅先の空港に到着したときの、その土地のにおいや湿度を肌に感じた瞬間。帰りのフライトの前に、売店の売り子さんと交わすとりとめのない会話。そして、羽田空港に着いたときの安堵感。私は空港を利用する一人一人が、ドラマの中にいるような気がするのです。いつもの仕事の出張や、時には人生の節目を迎える移動

の人もいるでしょう。人間観察して妄想してみるのもなかなか楽しいものです。
　機内では、書類や機内誌に目を通したり、原稿を書いたり、爆睡して過ごします。いつも翼から後方の窓側の席を取るのですが、右側か左側の窓にするか悩みます。以前、飛行機から見えた富士山の美しさに驚いたことが忘れられず、行き先ごとに飛行ルートを予想するまでになりました。自己流予想はぴったり的中、宮崎行きは右側、福岡行きは左側の窓に富士山が映し出されました。夜のフライトでは、街の明かりが多く見られる方を選ぶことが多いです。ある日機内で、客室乗務員になった高校の同級生とバッタリ再会、ということがありました。彼女は昔からの夢が叶っていたのです。そのとき同乗していた友人は、会社の社長とバッタリ再会して、一緒に大笑いしたことがあります。再会や出会いって、空の上にも転がっているものなのですね。
　ポートレートの撮影を友人のカメラマンにお願いしたとき、「鈴木さんが都内で一番好きな場所はどこ？」と聞かれて「羽田空港です」と即答しました。思いの外、惚れ込んでいることに気がつきました。もちろんリラックスして撮影できたのですが、素材が悪いので、写真の出来については聞かないでください……。

あとがき

とある都市からの帰路
ZZZZ…
あー、久しぶりの東京
いつもと同じように、羽田空港から最寄り駅の沿線までバスに乗車
決まって座るのは、進行方向右の窓側の席
夜景がきれいに見えるんです
そろそろ本気で原稿書かないと……
いろんなところに行ける仕事はうらやましがられるけど、さすがに疲れがたまってきたなあ
もう若くないし
でも美味しいモノたくさん食べられるしね…
……
ポタポタ

横浜のみなとみらいの夜景が見えてきたとき、何だかすごくほっとして涙が出てきたのです
こんなこと初めてでした
何でもない見慣れた景色が、とても愛おしく感じました。「ああ、帰ってきたんだ」と
そのとき気がついたのです
地方に行って、緑のあるところや海、大自然の中で「ほっとする」のと、地元に帰ってきて「ほっとする」のは別物かもしれない
ぎっしりと建ち並ぶマンションやビル、民家
いつもはうんざりしていたけれど視点を変えると、明かりが灯ったその部屋で誰かの人生が繰り広げられているって素敵なことだと思う
みんなこの町が好きで、住んでるんだろうなあ……
どこの土地に行ってもそうだった。みんな自分の町が好きで、何の疑いもなく、住んでいた
学校に通って、仕事して、人々と交流して、当たり前のように毎日を過ごしていた

移住したいなんて、誰も言ってなかったな
そして、どこの土地でも何かしらのリスクを抱えていたことがわかった
地震、津波、災害、原発……いつ来るか起こるかわからない、不安なこと。挙げたらキリがない
みんな、それを不安に思いつつ、でもそこが好きだから住んでいた
私も……無理に移住せずに、いつか来るかもしれない「その時」に備えて、住み慣れた土地で暮らしていけばいいのではないか
でも一度しかない人生、思い切った選択をしてもいいと思う
完全に移住しなくても、他の都市に家をもう一軒持ったり何年間と期限を決めて、また戻ってくることもありかもしれない
A市
B市
2年間住む!
ただのミーハーな気持ちで移住しても挫折しそう。その土地によっぽどの思い入れがないと……
LOVE
○○市 LOVE
○○市
今回、長く滞在したつもりだったけど、同じ日本でも気候や生活習慣が違うし、腰を据えて住むとまた違うかも

両親とも代々関東地方だし、私のDNAはついていけるのだろうか
変な悩み方
すいませんもうムリです
DNA
とか
でも地方でクリエイティブな仕事してる友達、いきいきしてるしなあ
やりがいがある！
もう戻りたくないって言ってるし
ぐるぐる迷う……
うーん
私が実際にどのような選択をしたのか、ここにはあえて書かないことにします
ただ、わかったことは、なんだかんだ言って、私は自分の地元が好きだということです
あと、心に決めたことは……
「どこに住んでも、その日その日を大切に生きよう」ということです
きっと「どこでも住めば都になる」はずさあ、あなたの都はどこですか

編集

山本浩史（東京書籍）

ブックデザイン

内川たくや＋和田美沙季
（ウチカワデザイン）

鈴木さちこ（すずき・さちこ）

1975年東京生まれ。鉄道＆飛行機、旅好きのイラストレーター＆ライター。1999年多摩美術大学卒業後、東北新社にてCMプランナーを経て、2003年独立。ホクト「きのこ組」、キッコーマン「うちのごはん隊」のキャラクターデザインなども手掛ける。

著書に『きのこ組の本』（イースト・プレス）、『鉄子と鉄男』（MdN）、『あさごはんからはじめよう』（講談社）、『日本全国ゆるゆる神社の旅』（サンクチュアリ出版）、『電車の顔』（成美堂出版）がある。現在、ANA機内誌「翼の王国」で「路面電車すごろく散歩」を連載中。

趣味は食べること、路線図・地図を見ること。大好物はウナギ。ほかに猫とピアノの音が好きで、ラジオっこ。

◎ウェブサイト　http://www.sachikosuzuki.com/

ジャム
酔鯨